W0173046

ACHGUT EDITION

WER, WENN NICHT ICH

HENRYK M. BRODER

Mehr über unsere Publikationen und Autoren:
www.achgut.com

Achgut Edition ist ein Verlag der
Achgut Media GmbH, Berlin
ISBN 978-3-9819755-5-0
3. ergänzte Auflage, Berlin 2020

© Achgut Edition, Verlag der Achgut Media GmbH, Berlin 2019
© Foto der Umschlagillustration: Fabian Nicolay, Berlin
© Foto des Autors auf Umschlag innen: Hanns Joosten, Berlin
Die Texte „Kippatragen" (S. 62), „Messweinersatz" (S. 89) und
„Betreute Demokratie" (S. 152) sind zuerst auf *Welt Online* erschienen,
„Harmlose Truppe" (S. 197) ist zuerst in der *Weltwoche* erschienen.
Alle Rechte vorbehalten

Umschlaggestaltung und Satz: stadt land fluss GmbH, Berlin
Druck und Bindung: CPI books GmbH, Leck
Printed in Germany

Inhalt

An Stelle eines Vorworts

Dieses Buch wurde zwischen dem 26. Juni und dem 26. September 2019 geschrieben. In Berlin, Augsburg, Colonial Beach (Virginia), Cabourg (Departement Calvados) und Yerevan (Armenien). Ich danke meinem Apple-Laptop, dass er alle Reisen und Strapazen brav mitgemacht hat.

Dieses Buch ist nicht das Ergebnis einer aufwendigen investigativen Recherche, es ist das Ergebnis des täglichen Konsums von frei zugänglichen Massenkommunikationsmitteln. Deswegen danke ich allen Kollegen von der ARD bis zum ZDF, von der *Augsburger Allgemeinen* bis zur *Welt*, dass sie mich reichlich mit Material versorgt haben. Den Kolleginnen danke ich natürlich auch.

Dieses Buch ist kein Blick hinter die Kulissen einer Verschwörung, es ist die Zwischenbilanz einer Entwicklung, die vor ziemlich genau vier Jahren mit der programmatischen Vorhersage einer SPD-Politikerin ihren Anfang nahm: „Wir stehen vor einem fundamentalen Wandel. Unsere Gesellschaft wird weiter vielfältiger werden, das wird auch anstrengend, mitunter schmerzhaft sein. Wir werden das Zusammenleben täglich neu aushandeln müssen." – Das ist inzwischen der Fall. Das Zusammenleben wird täglich neu ausgehandelt. Zwischen den Anwohnern rund um den Görlitzer Park und den Dealern im Görlitzer Park. Zwischen den Rettungsdiensten der Feuerwehr und des Roten Kreuzes und denjenigen, die sich ihnen in den Weg stellen. Zwischen jenen, die schon länger hier leben, und jenen, die neu dazugekommen sind. Zwischen denjenigen, die vor einem Ende der Welt Angst und denjenigen, die am Ende des Monats kein Geld mehr haben. In der Tat, das Zusammenleben ist anstrengender geworden, mitunter auch schmerzhafter. Die Toten des Anschlages vom Breitscheidplatz wären vielleicht noch am Leben und die Verletzten könnten sich ohne Krücken und Rollstuhl bewegen, wenn die Behörden ein wenig besser aufgepasst hätten, wen sie ins Land lassen und wen nicht. Etwa so, wie die Mitarbeiter der Gebühreneinzugszentrale der Rundfunkanstalten darauf achten, dass der Rundfunkbeitrag von allen, die dazu verpflichtet sind, bezahlt wird.

Dieses Buch ist keine Anleitung zum Handeln, wie sie derzeit von Kreti und Pleti en masse geschrieben werden. Es ist eine Einladung zum Selberdenken, zum Misstrauen gegenüber allen Wegweisern, die sich selber nicht von der Stelle bewegen, und allen Ablasshändlern, die davon leben, dass sie Ängste schüren. Ich widme es Lionel, unserem ersten Enkel.

Henryk M. Broder

Doppelspitze

Nach dem ruhmlosen Abgang von Andrea Nahles sucht die SPD wieder einmal einen Vorsitzenden oder eine Vorsitzende. Es kann auch eine Doppelspitze wie bei den *Grünen* sein: Mann und Frau, Ossi und Wessi, Arier und Agrarier, Alkoholiker und Abstinenzler, Historiker und Hysteriker. Die Lage ist prekär, dennoch lässt sich die Partei Zeit. Man hat aus der Geschichte gelernt. Gut Ding will Weile haben. „Die SPD braucht Kraft, sehr viel Kraft, dazu muss es möglich sein, dass sich Zwei die große Aufgabe teilen", sagt Malu Dreyer, eine der drei Übergangs-Vorsitzenden der SPD. „Die Personen müssen sammeln können, das heißt, sie sollten zuhören können, und sie müssten am Ende auch Orientierung geben", sagt Thorsten Schäfer-Gümbel, einer der bekanntesten Sammler und Zuhörer der SPD und zusammen mit Malu Dreyer und Manuela Schwesig als Headhunter für die Partei unterwegs.

Die Timeline sieht so aus: Am 1. Juli startet die Bewerbungsphase, vom 1. September an stellen sich die Kandidaten und Kandidatinnen dem Parteivolk auf Regionalkonferenzen vor, sechs Wochen später, am 14. Oktober, beginnt der Mitgliederentscheid, vom 6. bis zum 8. Dezember findet ein Parteitag statt, auf dem die „Gewinnerkandidaten endgültig gewählt werden". Dagegen ist das Konklave, auf dem der Bischof von Rom in Personalunion mit dem Heiligen Vater gewählt wird, eine einfache Denksportaufgabe. Wenn alles gutgeht, wird die SPD zu Weihnachten eine(n) neue(n) Vorsitzende(n) oder gar eine Doppelspitze haben, vorausgesetzt, sie wird bis dahin von den Landtagswahlen in Sachsen, Thüringen und Brandenburg nicht aufgerieben werden. Auch in diesem Fall lautet die Antwort auf die Frage, wie man Gott zum Lachen bringt: „Man macht einen Plan".

„Man" könnte die Sache natürlich auch beschleunigen und vereinfachen, was vor allem für das Klima besser wäre, denn alle diese Konferenzen und Parteitage, zu denen Tausende von Menschen anreisen, hinterlassen einen gewaltigen ökologischen Fußabdruck.

Gesine Schwan, der Retro-Käfer der SPD, gab bekannt, sie wäre „grundsätzlich" zu einer Kandidatur für den SPD-Vorsitz bereit, vorausgesetzt, diese Bitte würde an sie „herangetragen" und mit einer „erheblichen Unterstützung" verbunden. Sie könne sich, sagte Schwan im *Deutschlandfunk*, auch eine Doppelspitze mit dem Juso-Vorsitzenden Kevin Kühnert vorstellen, sie habe ihn immer „fair und nachdenklich-argumentativ" erlebt, allerdings mit ihm noch nicht „darüber" gesprochen.

Es sah also nach einem Blind Date mit mehreren Unbekannten aus. Der mutmaßliche Partner wusste noch nichts von seinem Glück, auch Ort und Zeit der Begegnung waren unbestimmt. Frau Schwan ist 76 Jahre alt, Kevin Kühnert gerade 30. Das macht zusammen 106 Jahre, also einen Altersdurchschnitt von 53 Jahren. Unter diesen Umständen von einer Verjüngung zu sprechen, wäre leichtfertig. Das Erste, was mir dazu einfiel, war die Geschichte von Harald und Maude, eine Romanze unter eher nekrophilen Vorzeichen. Also durchaus dem Zustand der SPD angemessen, die wie eine Untote von einer

Wahl zur nächsten wankt. Wobei Frau Schwan nicht so viele Niederlagen erkämpft hat wie ihre Partei, genau genommen nur zwei, allerdings auf höchstem Niveau. 2004 und 2009 kandidierte sie für das Amt des Bundespräsidenten – und verlor beide Male gegen Horst Köhler.

Nun will sie es wieder wissen, now or never, es müsse, sagt sie, ein Ruck durch die SPD gehen, es reiche nicht, „ein paar schöne Sachen zu versprechen und ... sozialpolitische Wohltaten zu verteilen. Das ist so durchschaubar. Wir wirken, als machten wir das nur, damit uns noch jemand wählt".

Aber so ist es doch, Gesine! Das Problem ist nicht, dass die SPD so wirkt wie ein übermotivierter Kellner, der sich ein Trinkgeld erhofft, das Problem ist, dass die SPD gar nicht anders kann! Und dass es unterhalb einer gewissen Fallhöhe nicht mehr darauf ankommt, ob der Fallschirm noch aufgeht oder nicht. Deswegen fände ich die Paarung Schwan/Kühnert gar nicht schlecht. Das letzte Aufgebot kurz vor der Kapitulation, wie einst im Volkssturm, wo die Alten Seite an Seite mit den Jungen dem Feind die Stirn boten.

Wenn ich dennoch der SPD einen Rat geben dürfte: Sucht euch ein anderes Paar. Ich habe neulich in einer Talk-Show Marika Kilius und Hans-Jürgen Bäumler gesehen. Die beiden sind topfit. Oder fragt mal bei Karolin Kebekus und Mario Barth nach.

Staatsputsch

Peter Tauber ist wieder da. Peter wer?, werden Sie jetzt fragen, Tauber, hat er was mit Richard Tauber, „dem König des Belcanto" zu tun? Nein, hat er nicht.

Das Letzte, woran ich mich im Zusammenhang mit Peter Tauber erinnern kann, sind Berichte über eine angebliche Affäre mit einer Jungpolitikerin aus der Bezirksverordnetenversammlung Berlin-Mitte, die in irgendeinem feministischen Magazin einen Bericht über Sexismus in der CDU veröffentlich hatte, worauf sie in Berlin-Mitte kurz weltberühmt wurde. Beide versicherten, „rein freundschaftlich" miteinander verkehrt zu haben; es habe „keine Affäre, Beziehung o.ä. mit Tauber" gegeben, gab die CDU-Frau zu Protokoll.

Taubers politische Karriere begann als Stadtverordneter in der Gemeinde Wächtersbach in Hessen. Von da ging es stetig bergauf: Abgeordneter im Kreistag des Main-Kinzig-Kreises, Vorsitzender der CDU in Gelnhausen, Landesvorsitzender der Jungen Union Hessen, Mitglied des Bundestages, Generalsekretär der CDU und zuletzt Parlamentarischer Staatssekretär im Bundesverteidigungsministerium, ein Job, für den er sich vermutlich als Oberleutnant der Reserve qualifiziert hat.

Ansonsten gibt es über den Mann nur zu sagen, dass er fleißig, tüchtig, eloquent und immun gegen Anflüge von Peinlichkeit ist. Bei passender Gelegenheit würde er auch über seine Hämorrhoiden Auskunft geben, so wie er Ende 2017 in einem Interview eine schwere Darmerkrankung mit allen Details „öffentlich gemacht" hat.

Nachdem man eine Weile nichts von ihm gehört hatte, meldete er sich mit einem Gastbeitrag für die *Welt* zu-

rück. Der „Fall Walter Lübcke" hatte ihn dermaßen aufge-
wühlt, dass er innerlich wie äußerlich explodierte. Kaum
war der mutmaßliche Mörder des Kasseler Regierungspräsidenten gefasst, hatte Tauber schon die Ermittlungen
abgeschlossen, die Anklageschrift verfasst und das Urteil
gesprochen: Schuldig! Jetzt galt es nur noch, die Drahtzie-
her beim Namen zu nennen. „Das politische Klima dieser
Republik", stellte er fest, habe „sich verändert". Insbesondere „die AfD im Deutschen Bundestag und in den Län-
derparlamenten" leiste dazu einen Beitrag: „Sie hat mit
der Entgrenzung der Sprache den Weg bereitet für die
Entgrenzung der Gewalt." Aber nicht nur die AfD. Auch
Erika Steinbach, „einst eine Dame mit Bildung und Stil",
sei „mitschuldig am Tod Walter Lübckes".

Für Tauber war das keine These, keine Annahme, keine
Spekulation, es war eine Tatsache, Ende der Ansage. Vor
diesem Hintergrund war es doch erstaunlich, dass er die
ehemalige Parteifreundin nicht gleich wegen Beihilfe zum
Mord anzeigte. Dafür entwarf er ein eigenes Programm
zum Umgang mit der rechtsextremen Gewalt. Man müsse
den „Anfängen" wehren und denjenigen entgegentreten,
„deren Ziel es ist, die freiheitliche demokratische Grundordnung zu beseitigen und diese Republik zu zerstören".

Dazu müsse nicht nur „das bestehende Strafrecht angewendet werden", es gebe da noch „ein scharfes Schwert
zum Schutz der Verfassung", den Artikel 18 im GG. Er
bestimmt, schreibt Tauber, „dass derjenige entscheidende
Grundrechte wie das Recht auf Freiheit der Meinungsäu-
ßerung, die Pressefreiheit, die Lehrfreiheit, die Versamm-

lungsfreiheit, das Recht auf Eigentum oder auch das Brief-, Post- und Fernmeldegeheimnis verwirkt, der diese Grundrechte zum Kampfe gegen die freiheitliche demokratische Grundordnung missbraucht".

Das Problem ist nur, dass diese „Verwirkungsvorschrift noch nie angewendet" wurde, dass es dafür keine Gebrauchsanweisung gibt. Und weil er weder blöd noch dumm ist, sondern nur ein wenig präpotent, müsste er auch wissen, dass man in einer Demokratie den Teufel nicht mit dem Beelzebub austreiben kann, dass nicht Ansichten und Ideen verfolgt werden, sondern Taten, die gegen ein Gesetz verstoßen. Deswegen ist es auch schwierig, Kundgebungen und Umzüge von „Rechten" zu verbieten, auch „falsche" Meinungen werden vom Recht auf Meinungsfreiheit geschützt. (Eine Ausnahme von dieser Regel ist der Paragraph 130, Absatz 3 des StGB, der die Leugnung, Billigung und Verharmlosung des Holocaust unter Strafe stellt, aber nur wenn dies „in einer Weise" geschieht, „die geeignet ist, den öffentlichen Frieden zu stören", also nicht daheim in der guten Stube oder beim Stammtisch, sondern auf der Straße.)

Wenn Tauber nun dazu aufruft, „den Anfängen zu wehren" und wenn er fordert, jenen die Grundrechte zu entziehen, die sie missbrauchen, dann muss man ihn dreierlei fragen: Auf welcher vom Internet verschonten Insel hat er die Jahre seit der Wiedervereinigung verbracht? Wann hat er vom Totalversagen der Behörden im Falle des NSU erfahren? Was will er mit den Menschen anstellen, denen er die Grundrechte, zu denen auch das Recht auf ein faires Gerichtsverfahren gehört, entziehen möchte? Die müssen doch irgendwo untergebracht und versorgt werden. In Buchenwald, Bergen-Belsen, Dachau geht das nicht mehr. Das sind jetzt alles Museen. Und Groß-Rosen liegt inzwischen in Polen.

So widerlich die alten und neuen Nazis sind, die größere Gefahr für den Rechtsstaat geht von Peter Tauber aus.

Er ruft zu einem Staatsputsch auf, den er mit der Notwendigkeit begründet, einem Putsch von rechts zuvorzukommen. Kann aber auch sein, dass der Mann einfach überfordert ist, ein Sprücheklopfer („Wer nicht für Merkel ist, ist ein Arschloch") und Wichtigtuer, der sich sehr ernst nimmt. Tauber hat zwar einen Doktor in Geschichte, aber so wirklich weiß er nicht Bescheid. Er sagt „Berlin ist nicht Weimar" und „Panikmache ist fehl am Platz", nur um im selben Absatz Berlin mit Weimar zu vergleichen und darauf zu verweisen, dass mit Erzberger, Scheidemann und Rathenau „drei bürgerliche Politiker" Opfer „politisch motivierter Mordtaten" wurden. Erzberger und Rathenau wurden tatsächlich von rechten Terroristen ermordet. Scheidemann aber, der am 9. November 1919 nach dem Zusammenbruch des Kaiserreiches die Republik ausrief, starb 1939 im Exil in Dänemark.

Nicht, dass es auf ein Opfer mehr oder weniger ankäme, nur sollte einer, der Geschichte studiert hat, nicht dermaßen schlampig mit Fakten umgehen. Es sei denn, er heißt Peter Tauber und will den Anfängen wehren.

Flugschämt euch!

Früher, also vor noch etwa zehn Jahren, wurde man und frau in der *Tagesschau* und den *Tagesthemen* informiert, manchmal auch unterhalten. Heute wird man vor allem erzogen, gnadenlos umerzogen. Wenn es nicht die Geflüchteten sind, denen man helfen sollte, indem man ihnen entgegenkommt, statt darauf zu warten, dass sie sich integrieren, dann ist es das Klima, das darunter leidet, dass wir zu viel konsumieren und zu viel unterwegs sind. Sowohl Fliegen als auch Autofahren, so hören wir es täglich, sei schlecht für die Umwelt. Für kurze Strecken, also etwa von Köln nach Bergisch-Gladbach, sollen wir das Rad nehmen, für längere die Eisenbahn.

Die Schweden, erklärt uns Caren Miosga in den *Tagesthemen*, seien da schon einen Schritt weiter. In Schweden mache sich „ein neues Gefühl" breit, „flukskam", auf Deutsch „Flugscham", und dieses Gefühl sei „inzwischen auch bei uns gelandet". Es beschreibe „das schlechte Gewissen, das einen befällt, sobald man so ein Transportmittel bucht" (im Hintergrund ist eine Air-France-Maschine zu sehen, die über einem Strand voller Menschen zur Landung ansetzt), „obwohl man vielleicht auch die ungleich umweltfreundlichere Eisenbahn hätte nehmen können".

Was mich angeht, befällt mich kein schlechtes Gewissen, wenn ich „so ein Transportmittel" namens Flugzeug buche, im Gegenteil, ich freue mich, dass ich nicht tage- oder wochenlang über Land reisen muss, sondern nur dreieinhalb Stunden in der Luft schwebe, wenn ich von Berlin nach Reykjavik oder Tel Aviv will. Das Einzige, das mir ein Unbehagen bereitet, ist die Vorstellung, einen Platz neben Anton Hofreiter oder Luisa Neubauer zu erwischen, aber dieses Risiko ist überschaubar.

Derweil versucht sich Frau Miosga an einer Pointe. Wohl deswegen, „weil es in Deutschland eine weit verbreitete Bahnscham gibt, heben noch immer viele Deutsche ab, wenn es in den Urlaub geht, wenn eben auch verschämt". Es folgt ein Bericht über „Schein und Sein beim klimagerechten Reisen".

Nach dieser Intro ahne ich, was mich erwartet. Eine Reportage von den Seychellen oder den Lofoten, aber nein, es geht um „Ferien in Deutschland", genauer: in Friedrichshafen am Bodensee, wo derzeit 30 Grad Celsius ein Wetter wie auf Mallorca vortäuschen. Martina F. und Michael G., beide so um die 60, sind aus Wolfenbüttel in Niedersachsen angereist, weite Flugreisen mit Billig-Airlines lehnen sie grundsätzlich ab. Dumping-Preise in Kauf zu nehmen, um einen Urlaub zu erleben, das sei, sagt Michael G., „zu kurz gesprungen", und auch für die „nachfolgenden Generationen der schlechteste Abdruck, den wir hinterlassen können". Seine Begleiterin nickt zustimmend, ein vorbildliches Urlauberpaar. Leider sind nicht alle Feriengäste schon soweit. Einigen mangelt es noch an dem richtigen Umweltbewusstsein. Manche sind hin- und hergerissen zwischen schlechtem Gewissen und „dem Bedürfnis, „die Welt zu sehen". Eine Nachfrage bei einem Reisebüro in Friedrichshafen, ob der „Greta-Effekt" bei den Urlaubsbuchungen eine Rolle spielt, führt zu einer überraschenden Erkenntnis.

Der Preis, sagt die Mitarbeiterin des Reisebüros, „schlägt die Angst oder die Vernunft", wenn „das Produkt günstig ist, wird alles andere hintangestellt". Auch von TUI kommt die Bestätigung, dass sich „das Reiseverhalten der Deutschen nicht gravierend verändert" habe, Fernreisen seien „nach wie vor gefragt und verzeichneten steigende Buchungszahlen". Ein Professor für Tourismusmanagement an der Hochschule Harz kommt zum gleichen Schluss: „Die Zahlen lassen keinen Greta-Effekt erkennen", allerdings sei es so, dass sich „immer mehr Urlauber Gedanken machen zu Flugreisen". Dreimal mehr Menschen als im vergangenen Jahr hätten bei „Kompensationsagenturen" ihren CO_2-Abdruck ausgeglichen, das heißt, sie haben irgendeinen Betrag entrichtet, um sich vom schlechten Gewissen freizukaufen. Wie nannte man so etwas zu Luthers Zeiten? Ablasshandel?

Auch Martina F. und Michael G. aus Wolfenbüttel in Niedersachsen geben zu, dass sie ein schlechtes Gewissen hätten, weil sie nicht mit der Bahn, sondern mit dem eigenen Auto an den Bodensee gefahren sind. Sie seien allerdings „flexibler mit dem Auto", die Reise sei viel leichter „mit dem ganzen Gepäck". Der Reporter resümiert: „Bis in den Urlaub der Deutschen ist Greta eben noch nicht vorgedrungen."

Und das ist auch gut so!, möchte ich rufen, derweil Caren Miosga wieder im Bild erscheint und sagt, man sollte beim klimaneutralen Reisen „mit kleinen Schritten" anfangen. „Man muss ja nicht gleich zu Fuß an die Nordsee laufen und dabei nur regionales Gemüse essen, auch wenn man klimatisch sündigt, kann man manches wiedergutmachen."

Ja, von „Wiedergutmachung" verstehen die Deutschen was. Sie haben sechs Millionen tote Juden wiedergutgemacht und ihnen ein Denkmal hingestellt, das jedes Jahr von mehr Touristen besucht wird, als Menschen im Zuge der „Endlösung der Judenfrage" vom Leben zum Tode befördert wurden. Derzeit verhandeln sie mit den Nachkommen der Herero und Nama in Namibia, dem früheren Deutsch-Südwest, wie sie den Völkermord an deren Vorfahren in den Jahren 1904 bis 1908 wiedergutmachen könnten. Als Geste wurden einige erbeutete Totenschädel und eine Herero-Bibel an die Angehörigen bzw. die ursprünglichen Besitzer zurückgegeben. Es gibt sogar einen „Namibia-Beauftragten" der Bundesregierung, es ist der pensionierte Politiker und ehemalige Generalsekretär der CDU, Ruprecht Polenz. Sein offizieller Titel lautet: „Vertreter der Bundesregierung im Dialog um den Völkermord an den Herero und Nama mit Namibia", nebenbei amtiert er auch als Präsident der deutschen Gesellschaft für Osteuropakunde.

Da er sonst nichts zu tun hat, könnte er sich auch noch des Klimas annehmen, als Vertreter der Bundesregierung und im Interesse des klimaneutralen Reisens nach Deutsch-Südwest und andere Stätten rund um den Bodensee.

Haltung, fassungslos

Als Außenminister der Bundesrepublik ist Heiko Maas für die Pflege der Beziehungen zu anderen Staaten und internationalen Organisationen zuständig. Er muss viel reisen, an Konferenzen teilnehmen, Reden halten und immer so tun, als sei er mit Leib und Seele dabei, egal, ob er bei den Vereinten Nationen vorspricht oder in Ouagadougou, der Hauptstadt von Burkina Faso, einen von Deutschland finanzierten Kindergarten eröffnet. Ein Knochenjob, der auch dadurch nicht leichter wird, dass ihm über 11.000 Bedienstete in Berlin, Bonn und in mehr als 200 Auslandsvertretungen zuarbeiten. Der Unterhalt dieses Apparates kostet den Steuerzahler über fünf Milliarden Euro jährlich.

Wer sich so etwas zumutet, der läuft auch barfuß durch das Fegefeuer und singt dabei „Sah ein Knab ein Röslein stehn ..." Oder er schaut sich auf *arte* Dokus über christliche Märtyrer an, die für ihren Glauben alles gaben, auch ihr Leben. Irgendwoher muss er ja Kraft und Trost schöpfen.

Ganz so schlimm scheint es bei Maas aber nicht zu sein. Denn neben allen seinen Aufgaben und Verpflichtungen findet er doch noch Zeit, nebenher etwas zu unternehmen, Interviews zu geben oder Artikel zu schreiben. Wobei man sich fragen muss, warum er sich immer wieder in die Belange von Innenminister Seehofer einmischt. Er sorgt sich um die Sicherheit der Juden, als wären diese ausländische Staatsangehörige, und auch um die Sicherheit im Allgemeinen.

Nach der Ermordung des Kasseler Regierungspräsidenten Walter Lübcke durch einen mutmaßlich rechtsradikalen Täter veröffentlichte Maas in der *Bild*-Zeitung einen Beitrag darüber, „was jetzt in Deutschland passieren muss", so stand es im Teaser passend zu der Überschrift „Müssen den Rechtsterrorismus endlich als solchen benennen".

Ebenso wie Peter Tauber von der CDU war auch Heiko Maas nicht nur erschüttert, sondern auch fassungslos, dass es so etwas wie rechten Terror in Deutschland gibt, trotz der vielen Weckrufe, u.a. der „brutalen NSU-Mordserie, die über Jahre unentdeckt blieb" und der „Attentate auf die Kölner Oberbürgermeisterin und den Bürgermeister von Altena", die wieder bedroht würden. „Deutschland hat ein Terrorproblem", stellte Maas fest und fasste diese Erkenntnis in dem Satz zusammen: „Wir haben über 12.000 gewaltorientierte Rechtsextreme in unserem Land. 450 von ihnen konnten untertauchen, obwohl sie mit Haftbefehl gesucht werden."

Es wäre sicher hilfreich gewesen, wenn Heiko Maas an dieser Stelle erklärt oder wenigstens angedeutet hätte, wie es so weit kommen konnte, dass von 12.000 offenbar erfassten gewaltorientierten Rechtsextremen 450 untertauchen konnten, obwohl sie mit Haftbefehl gesucht werden. Ist die Regierung nicht für Sicherheit und Ordnung zuständig?

Wieso werden Schwarzfahrer und Schwarzseher in Gewahrsam genommen, während 450 Haftbefehle gegen Rechtsextreme, die irgendetwas angestellt haben müssen, nicht vollstreckt werden? Warum erzählt uns Maas das? Hatte er keine Gelegenheit, seine Kollegin im Justizministerium anzurufen und ihr zu sagen: „Katy, es sieht nicht gut aus, wir müssen etwas unternehmen, sonst fackeln uns die Rechtsextremisten die Hütte vor unseren Augen ab!"

Was wäre in diesem Land los, wenn die Feuerwehr sich aus der Verantwortung schleichen und die Bürger auffordern würde, im Katastrophenfall selbst aktiv zu werden? „Wir müssen den Rechtsterrorismus endlich als solchen benennen", schreibt Maas, als käme es auf das Etikett und nicht den Inhalt an. Nein, Heiko, so ist es nicht, wir müssen gar nichts, ihr müsst weniger schwatzen und mehr tun, Du und Deine Kollegen am runden Tisch der Regentin, Angela der Ersten.

Wann immer ein Politiker „wir" sagt, müssten alle Kirchenglocken anfangen zu läuten, als wäre eine Armee von Barbaren im Anmarsch auf das Land, um alles, was sich ihnen in die Quere stellt, wegzusäbeln und die Vorräte zu plündern. Wenn das „Wir" ernst gemeint wäre, müsste Maas seine Einnahmen mit mir teilen, mir seinen Dienstwagen zur Verfügung stellen und mich an seiner Stelle im Bundestag reden lassen.

Sein „Wir" aber meint etwas anderes, nämlich: „Ich mache Dich für meine Versäumnisse verantwortlich." So werden politische Schulden vergesellschaftet, und so meinte es auch die Kanzlerin, als sie mit ihrem „Wir schaffen das" die Menschen draußen im Lande zugleich umwarb und hinterging.

Maas treibt es noch toller. Aus dem schlichten „Wir" macht er ein „Wir Demokraten" und fordert: „Wir Demokraten (müssen) klare Grenzen ziehen. Entschlossen.

Kompromisslos. Denn Demokratie stirbt an Gleichgültig-
keit. Aber sie lebt, wenn wir sie verteidigen." Was bedeutet, dass alle, die anderer Meinung sind als Maas, keine
Demokraten sind und aus dem „Wir" rausfallen.

Es war nicht das erste Mal, dass Heiko Maas Unsinn
in staatstragende Phrasen verpackte. „Demokratie muss
sich wehren ... Halten wir gegen ... Das erfordert Mut und
Haltung ... Es geht um unser Miteinander ... Zeigen wir,
dass wir mehr sind ..." So redet einer, der nichts zu sagen
hat, aber Mut und Haltung demonstrieren möchte. Wenn
es ein Zeichen von Stärke ist, sich der eigenen Schwächen
nicht bewusst zu sein, dann ist Maas ein ausgesprochen
starker Politiker. Allerdings auch einer, über den Karl
Kraus gesagt hätte, es genüge nicht, keine Gedanken zu
haben, man müsse auch unfähig sein, sie auszudrücken.

Wegen Auschwitz

Über Heiko Maas zu schreiben, ist etwa so erfreulich, wie
an einem Autounfall vorbeizufahren. Irgendetwas zwingt
einen dazu, hinzuschauen, obwohl man sich eigentlich
abwenden möchte. Es ist nicht nur der ganz normale Vo-
yeurismus, der in jedem von uns steckt, es ist eine Grenz-
erfahrung. Wie schnell, wie unerwartet der Tod zuschla-
gen kann und dass allein der Zufall darüber entscheidet,
wen er erwischt.

Im Falle von Maas geht es natürlich nicht um Leben
oder Tod, es geht lediglich um Sein und Schein. Ein
Mann, der über sich selbst sagt, er sei „wegen Auschwitz

in die Politik gegangen", ist entweder grenzenlos naiv oder ein ausgekochter Zyniker, der für seine Karriere über Leichen geht, buchstäblich. „Wegen Auschwitz in die SPD!" Über eine Million Ermordete atmen auf: Ihr Leiden und ihr Sterben waren nicht umsonst.

Maas wusste, dass er sich als Jurist keinen großen Namen machen würde, nicht einmal im Staatsdienst. Es blieb ihm nichts übrig, als in die Politik zu gehen. Und da hat der Zufall es gut mit ihm gemeint, ganz im Sinne des „Peter-Prinzips", wonach in einer Hierarchie „jeder Beschäftigte dazu neigt, bis zu seiner Stufe der Unfähigkeit aufzusteigen".

Seinen Gastbeitrag für die *Bild*-Zeitung („Müssen den Rechtsterrorismus endlich als solchen erkennen"), in dem er u.a. darüber klagt, dass „über 12.000 gewaltorientierte Rechtsextreme in unserem Land" unterwegs sind, von denen 450 „untertauchen konnten, obwohl sie mit Haftbefehl gesucht werden", beschloss er nicht etwa mit dem Versprechen, sich im Kabinett dafür einzusetzen, dass dieser Missstand beendet wird, nein, er hatte eine bessere Idee: „Vielleicht braucht unser Land nicht nur die *Fridays for Future*, die so viel in Bewegung gebracht haben. Sondern auch einen Donnerstag der Demokratie."

Ignorieren wir an dieser Stelle die alberne Behauptung, dass die *Fridays for Future* so viel „in Bewegung gebracht haben", dass dem Außenminister nicht einmal ein Beispiel einfällt; bleiben wir bei der Aussage, „unser Land" brauche auch „einen Donnerstag der Demokratie", was mich an die vier autofreien Sonntage zur Zeit der Ölkrise im Herbst 1973 erinnert, wobei es laut Wikipedia am vierten autofreien Sonntag dann so viele Ausnahmen gab, dass es auf den Straßen wieder zu Staus kam.

Wie soll man sich so einen „Donnerstag der Demokratie" vorstellen? Wie ein Bürgerfest, auf dem die Parteien ihre Programme präsentieren? Oder eher wie einen ökumenischen Gottesdienst, bei dem die Teilnehmer ihre Sünden wider die Demokratie öffentlich bekennen und bereuen? „Ich habe mein Auto am Sonntag gewaschen und damit gegen die Hausordnung verstoßen!" Oder: „Ich habe, ohne meine Familie zu fragen, beschlossen, dass wir die *taz* abbestellen!" Denkbar wären auch „Donnerstag-Demos" für die Demokratie mit Parolen wie „Weg mit dem Wahlrecht!", „Zur Hölle mit den Feinden der Demokratie" und „Von Heiko Maas lernen, heißt Demokratie lernen!"

Minister Maas wollte sich freilich nicht festlegen. Dabei führte er bereits etwas im Schilde.

Zwei Tage nach dem Beitrag in der *Bild*-Zeitung, am 26. Juni 2019, richtete er auf seinem Twitter-Account einen Hashtag ein: #donnerstagderdemokratie, und bat seine Follower um Mitwirkung bei dem Projekt „Demokratische AlltagsheldInnen gesucht". Maas wörtlich und politisch überaus korrekt: „Kommunalpolitiker*innen und Ehrenamtliche sind für uns da. Doch sie werden gerade Ziel von Hass und sogar Gewalt. Zeit, dass wir für sie da sind. Am #donnerstagderdemokratie wollen wir diese HeldInnen ins Scheinwerferlicht stellen. Schreibt mir, wem Ihr dankbar seid und warum."

Wenn man verstehen will, was in diesem Land der Zeichensetzer und Zeichensetzerinnen los ist, was bereits als Heldentum gilt und womit sich die Freunde und Freundinnen von Heiko Maas die Zeit vertreiben, dann muss man sich diesen Twitter-Eintrag ansehen. Germany at its best. Ein Hort des Heldentums und des antifaschistischen Widerstands zum Nulltarif.

Noch am selben Tag meldete der *Deutschlandfunk*: „Außenminister Maas hat Bundestagsabgeordnete aller Parteien – außer der AfD – dazu aufgerufen, Kommunalpolitikern mit einer Online-Aktion den Rücken zu stärken." Die *Tagesschau* gab bekannt: „Bundesaußenminister Maas will mit seiner Initiative #DonnerstagderDemokratie den ‚Alltagshelden' Deutschlands danken – jenen Kommunalpolitikern, die in den vergangenen Jahren vermehrt angefeindet wurden." Das ZDF verkündete: „Außenminister @HeikoMaas will mit dem #DonnerstagderDemokratie ein Zeichen gegen #Rechtsextremismus setzen. In einem Brief rief er alle Bundestagsabgeordneten – außer die der AfD – dazu auf, Kommunalpolitikern und Ehrenamtlichen den Rücken zu stärken." Dass die Meldungen fast wortgleich waren, fand ich nicht weiter erstaunlich. Ich wunderte mich nur, dass niemand sich die Nachfrage erlaubte, warum Maas die AfD-Abgeordneten ausgenommen hatte. Wenn diese den rechten Sumpf im Bundestag vertreten, dann müssten grade sie dazu aufgerufen werden, ein Zeichen gegen den Rechtsextremismus zu setzen, oder?

Unter den ersten Followern, die sich zu Wort meldeten, war die Berliner Staatssekretärin für bürgerschaftliches Engagement und auswärtige Beziehungen, Sawsan Chebli. Sie postete: „Wir erleben, dass Demokratie-Feinde immer selbstbewusster, unverhohlener und aggressiver auftreten. Gerade in diesem Land, mit dieser Geschichte, kann ich nicht verstehen, dass Leute still sein können, wenn Unrecht passiert." Dunja Hayali, die noch kein Unrecht schweigend hingenommen hat, schloss sich umgehend an: „ich DANKE allen, die sich für demokratie, zusammenhalt, chancengleichheit, eine 2te chance u mehr einsetzen." Heiko Maas' Auswärtiges Amt wies auf die Bedeutung von KommunalpolitikerInnen für das Ansehen der Bundesrepublik im Ausland hin: „Kommunalpolitiker Innen sind Versöhner und Brückenbauer – und mit 6.500 internationalen Städte- und Gemeindepartnerschaften und unzähligen Kontakten und Besuchen unser Friedensnetzwerk in die ganze Welt."

Das war nur der Auftakt zu einem Überbietungswettbewerb der Guten. Martin Schulz twitterte: „Wir leben in einem Land mit so vielen wunderbaren Menschen. Das dürfen wir uns nicht kaputtreden lassen." Olaf Scholz nannte den Mord an dem Kasseler Regierungspräsidenten „eine brutale Zäsur für die politische Kultur in unserer Republik", auf die es nur eine Antwort geben könnte: „Wir sind eine wehrhafte Demokratie, das muss jedem Attentäter klar sein. Wir lassen uns nicht einschüchtern."

Und damit auch der letzte Attentäter einsieht, dass „wir" uns nicht einschüchtern lassen, weil wir eine wehrhafte Demokratie sind, wurde der Twitter-Account von Heiko Maas mit Vorschlägen für den Ehrentitel „Helden und Heldinnen des Alltags" geflutet. Annegret Kramp-Karrenbauer nominierte die ehrenamtliche Bürgermeisterin von St. Ingbert, Gregor Gysi einen Freund, „dem vor einigen Jahren von Neonazis der Fuß gebrochen wurde", Anja Reschke die Oberbürgermeisterin von Zwickau, Dietmar Bartsch den „frisch gewählten ehrenamtlichen Bürgermeister im herrlichen Städtchen Warin in Mecklenburg-Vorpommern", der Paritätische Wohlfahrtsverband „alle Ehrenamtlichen und Hauptamtlichen". Heiko Maas war von der „Resonanz" dermaßen „überwältigt", dass er gleich mehrere Kandidaten benannte, darunter die „Bürger und Bürgerinnen" der Gemeinde Ostritz bei Görlitz in der Oberlausitz.

Diese hatten, so Maas, „eine sensationelle Aktion" durchgeführt und „Rechtsextremen, die sich letztes Wochenende in ihrem Dorf versammelten, alle Biervorräte weggekauft". So geht Antifa heute: Den Rechtsextremen das Bier unter der Nase wegschnappen und sich dann selber besaufen. Da sollte man kurz darüber nachdenken, ob der Holocaust vielleicht verhindert worden wäre, wenn die Juden beizeiten mit dem Kampftrinken angefangen hätten.

Falls Sie noch eine andere historische Analogie erlauben: Der Begriff „Heldinnen und Helden des Alltags" ist nicht so neu, wie er sich anhört. Es gab ihn schon in der DDR, wenn auch ungegendert. Als „Held der Arbeit" wurde geehrt, wer besondere Leistungen für den Aufbau und den Sieg des Sozialismus erbracht hatte.

Und wenn Sie mich fragen, wem ich den Titel Held bzw. Heldin des Alltags verleihen würde, käme nur eine in Frage, die Schauspielerin und TV-Nonne Antje Mönning für ihren grandiosen Auftritt auf einem Parkplatz in Jengen/Bayern.

Willkommenskult

Ein Rettungsschiff der deutschen Hilfsorganisation *Sea-Watch* mit 40 Migranten an Bord ist ohne Erlaubnis, genau genommen gegen das ausdrückliche Verbot der italienischen Behörden, in den Hafen der italienischen Insel Lampedusa eingefahren, um so die Aufnahme von Geretteten zu erzwingen, die zwei Wochen vorher vor der libyschen Küste an Bord gekommen waren. Der Kapitänin des Schiffes war bewusst, was sie tat: „Ich habe mich entschlossen, selbstständig im Hafen anzulegen, der jetzt gerade nachts frei ist, wir bereiten gerade das Schiff vor und nehmen an, dass wir in eineinhalb Stunden an der Pier liegen", gab sie über Twitter bekannt. Sie sei bereit, für ihre Entscheidung ins Gefängnis zu gehen. Nun drohen ihr theoretisch drei bis zehn Jahre Haft, wegen Beihilfe zur illegalen Einwanderung, Verletzung des Seerechts und Widerstand gegen die Staatsgewalt, weil sie bei dem Anlegemanöver ein italienisches Zollboot „weggedrückt" habe. Praktisch wird man sie wohl nach ein paar Tagen „Hausarrest" nach Deutschland abschieben, wo sie mit einem Empfang als „Heldin des Alltags" rechnen kann.

Heiko Maas hat sich bereits eingeschaltet, er twitterte: „Menschenleben zu retten ist eine humanitäre Verpflichtung. Seenotrettung darf nicht kriminalisiert werden. Es ist an der italienischen Justiz, die Vorwürfe schnell zu klären."

Der Flüchtlingsbeauftragte des ZDF, Jan Böhmermann, kündigte an, er werde „für den Fall, dass die italienischen Behörden Carola Rackete, die Kapitänin der *Sea-Watch 3*, strafrechtlich verfolgen", wie bereits 2018 im Falle des deutschen Kapitäns Claus-Peter Reisch, „Geld für die anfallenden Rechtskosten und Ausgaben der Lebensretter sammeln und spenden". Innerhalb von zwei Tagen kam eine halbe Million Euro zusammen. Die Italiener wären sicher noch mehr beeindruckt gewesen, wenn Böhmermann eine Kommandoaktion zur Befreiung der Kapitänin angedroht hätte. Robert Habeck, der Vorsitzende der *Grünen*, meinte, das Vorgehen der Italiener zeige die „Ruchlosigkeit der italienischen Regierung" und offenbare „das Dilemma der europäischen Flüchtlingspolitik" – ich überlegte, ob es andersrum nicht treffender wäre: das Dilemma der italienischen Regierung und die Ruchlosigkeit der europäischen Flüchtlingspolitik. Frank-Walter Steinmeier verlor kurz die präsidiale Contenance und belehrte die Italiener, dass „wer Menschenleben rettet, nicht Verbrecher sein (kann)." Dieser Ansicht schloss sich auch Siemens-Chef Joe Kaeser an: „Menschen, die Leben retten, sollten nicht festgenommen werden. Menschen, die töten, die Hass und Leid säen und fördern, sollten es." Leider ergab sich keine Gelegenheit, die Anschlussfrage zu stellen, wen Joe Kaeser wegen der Aussaat von Leid und Hass festnehmen lassen würde, wenn er dazu in der Lage wäre.

Und wo alle vor Betroffenheit taumeln, da behält Heinrich Bedford-Strohm, der EKD-Ratsvorsitzende, einen kühlen Kopf und findet die richtigen Worte: Die Festnahme der Kapitänin habe ihn „traurig und zornig" gemacht. „Eine junge Frau wird in einem europäischen Land verhaftet, weil sie Menschenleben gerettet hat und die geretteten Menschen sicher an Land bringen will." Dies sei „eine Schande für Europa!"

Ich war sehr froh, dass niemand von mir wissen wollte, was ich von der ganzen Geschichte halten würde. Was hätte ich sagen sollen? Vielleicht: „Was für ein Jammer, dass es die Berlin-Rom-Achse nicht mehr gibt. Ein Anruf des Führers beim Duce, und das Problem wäre vom Tisch gewesen!" Oder: „Ich kann Heinrich Bedford-Strohm, der bei seinem letzten Besuch auf dem Jersualemer Tempelberg sein Kreuz abgelegt hat, nur raten, mit dem Begriff ‚Schande' sparsam umzugehen."

Im Grunde fand ich das, was die „junge Frau" gemacht hatte, richtig. Es gibt Momente, da man/frau staatliche Anordnungen ignorieren muss. Wenn es eine rote Ampel ist, an der ich nicht stehen bleibe, weil hinter mir ein Krankenwagen oder ein Feuerwehrauto mit Blaulicht und Sirene naht, ist die Sache einfach. Schwieriger wird es im Falle eines „Rettungsschiffs", das „Gerettete" an Bord hat, die sich deswegen in Lebensgefahr begeben haben, weil sie wussten, dass sie gerettet würden. Objektiv gesehen arbeiten Schlepper und Flüchtlingshelfer Hand in Hand. Nur löst sich das Problem nicht in Luft auf, wenn die Helfer die Zusammenarbeit beenden.

Was mich weit mehr interessiert, ist etwas anderes. Aus welchen Quellen speist sich dieser gewaltige Strom der Hilfsbereitschaft?

War „der Deutsche" schon immer so? Hat es was mit dem Erbgut zu tun? Mit Goethe? „Edel sei der Mensch, hilfreich und gut; denn das allein unterscheidet ihn von allen Wesen, die wir kennen!" Wieso muss ich, wenn ich das Wort „Willkommenskultur" höre, immer an die Herzlichkeit denken, mit der die aus dem Osten importierten Zwangsarbeiter empfangen wurden? Und an die bewegenden Szenen, mit denen die Kohns, Rosenbergs und Silbermanns verabschiedet wurden, bevor sie in die eleganten Sonderzüge stiegen, die sie in den Osten brachten? Und wieso fällt mir die Geschichte der *St. Louis* ein, wenn ich lese, zwölf deutsche Städte, darunter Berlin, Freiburg, Hildesheim und Krefeld, hätten sich zu einem Bündnis „Städte sicherer Häfen" zusammengeschlossen, „um Bootsmigranten Unterkunft zu bieten"? (Damit Sie nicht googeln müssen: Die *St. Louis* war ein Passagierschiff der HAPAG mit 937 deutschen Juden an Bord, das im Mai 1939 von Hamburg aus in See stach und wochenlang auf der Suche nach einem sicheren Hafen über die Meere irrte, weil es nirgendwo anlegen durfte. Schließlich kehrte die *St. Louis* nach Europa zurück, nachdem die belgische Regierung eine Landung in Antwerpen erlaubt hatte.)

Wieso fallen mir solche Geschichten ein? Und wieso muss ich mich immer fragen, was Jan Böhmermann, Heinrich Bedford-Strohm, Robert Habeck, Heiko Maas und die vielen anderen „Helfer" unternehmen würden, wenn sich die Geschichte der *St. Louis* heute wiederholen würde, mit 937 israelischen Juden an Bord, nachdem Israel im Zuge der Zwei-Staaten-Lösung im Nahen Osten einige

Konzessionen an die Palästinenser machen musste?

Ich glaube, ich bin paranoid. Und ich fürchte, ich habe allen Grund dazu.

Tote, nicht umsonst

Der Zentralrat der Juden gibt über Twitter bekannt: „Unser neues #Dialog Projekt Schalom-Aleikum startet mit einem Gespräch zwischen jüdischen und muslimischen Startup-Gründern am 03. Juli in Berlin. In der Sendung ‚Schabat Schalom' bei @NDRinfo wurde darüber berichtet."

Ein Jammer, dass ich gerade nicht in Berlin bin, sonst würde ich schnell noch ein Startup gründen, nur um an dem Gespräch zwischen jüdischen und muslimischen Startup-Gründern teilnehmen zu können. Gleich nach dem „House of One", einem „interreligiösen Gebäude" am Petriplatz in Berlin-Mitte, das „unter seinem Dach" eine Synagoge, eine christliche Kirche und eine Moschee „beherbergen und zugleich den interreligiösen Dialog fördern" soll, ist das Projekt *Schalom-Aleikum* eines der Vorhaben, auf welche die Welt seit Langem gewartet hat. Nun hat die Warterei ein Ende: Jüdische und muslimische Startup-Gründer treffen sich zu einem Gespräch. Baruch Haschem und Allahu Akhbar!

Es ist nicht das erste Beispiel jüdisch-muslimischer Zusammenarbeit, die allmählich an die Stelle der christlich-jüdischen tritt, die alljährlich mit der „Woche der Brüderlichkeit" gefeiert wird. Vor Kurzem sind jüdische und muslimische Jugendliche zusammen nach Auschwitz gereist, um dort, wie man heute gerne sagt, „ein Zeichen zu setzen", damit sich „die Geschichte nicht wiederholt" und „die Toten nicht umsonst gestorben sind", oder was sonst noch so bei derlei Anlässen gelabert wird. Ich weiß nicht, was die Jugendlichen und deren Betreuer umtreibt, warum sie nicht daheim in Bielefeld, Erfurt oder Kassel bleiben, wo es auch schöne jüdische Friedhöfe gibt, und wieso es ausgerechnet der größte jüdische Friedhof der Welt sein muss. Geht es um einen Eintrag im Guinness-Buch der Rekorde? Oder um eine „Challenge", wer bei der Besichtigung der Gaskammern am längsten die Luft anhalten kann?

Die „Freunde der Tiere" in Vaihingen an der Enz würden nie auf die Idee kommen, ein paar hundert Kilometer zu fahren, um in Rheda-Wiedenbrück den größten Schlachthof Europas zu besichtigen, wo täglich „bis zu 25.000 Schweine" geschlachtet werden, natürlich unter Einhaltung der strengen deutschen Tierschutz-Bestimmungen.

Wer war bei dem Projekt *Schalom-Aleikum*, das mit einem Gespräch zwischen jüdischen und muslimischen Startup-Gründern am 3. Juli in Berlin gestartet ist, alles dabei? Worüber haben sich die Teilnehmer des Treffens denn unterhalten? Wodurch sich ein jüdisches Startup von einem muslimischen Startup unterscheidet? Ob das Geld, das man braucht, um ein Startup zu gründen, halal oder koscher sein muss? Ob man am Donnerstag oder am Freitag beim Sonnenuntergang mit dem Surfen im Netz aufhören soll? Was jüdische Startupper von muslimischen unterscheidet oder was sie gemeinsam haben? Ob bei den einen die Mutter und bei den anderen der Vater die Berufswahl maßgeblich beeinflusst hat? Und überhaupt: Muss es nicht „Startupper" und „Startupperinnen" heißen?

Ich kann da nur spekulieren. Es ist jedenfalls so, dass ich immer öfter zu irgendwelchen Events eingeladen werde, bei denen Juden und Muslime über irgendwelche Gemeinsamkeiten, die sie haben oder die sie sich einbilden, miteinander reden wie Schiffbrüchige über die Frage, ob sie ein Boot aus Palmenzweigen bauen oder lieber warten sollen, bis sie von einem vorbeifahrenden Unterseeboot gefunden und aufgenommen werden. Meistens geht die Initiative zu solchen Treffen von der jüdischen Seite aus. Und die muslimische Seite ist in neun von zehn Fällen durch die anmutige, charmante und hyperaktive Berliner Staatssekretärin für bürgerschaftliches Engagement, Sawsan Chebli, vertreten, eine Vorzeige-Muslima, die „Antisemitismus" und „Islamophobie" für zwei Seiten einer Medaille namens „Rassismus" hält, der entschlossen bekämpft werden muss.

Von Einzelfällen abgesehen ist keine Liebe im Spiel, sondern Kalkül. Die Muslime sind dermaßen von der Macht der Juden überzeugt, dass sie deren Nähe suchen, um sich selbst gesellschaftlich aufzuwerten. Der Vorsitzende des „Zentralrates der Muslime", Aiman Mazyek, hat viele „jüdische Freunde", mit denen er „auf Augenhöhe" verkehrt. Die im „Zentralrat der Juden" organisierten Bürger jüdischer Provenienz (darunter auch säkulare Juden, Kostümjuden und Konvertiten) wiederum wissen, dass die Zahl der Juden in Deutschland abnehmen und die der Muslime zunehmen wird. Die Demografie bestimmt den Lauf der Demokratie, nicht umgekehrt. Da empfiehlt es sich, mit

dem Strom zu schwimmen und nicht gegen ihn. Die jü-
disch-muslimischen Projekte sind ein Wechsel auf die
Zukunft, man stellt sich heute schon auf die Seite der Sie-
ger von morgen, unterstützt von „renommierten" Wissenschaftlern wie dem ehemaligen Leiter des Berliner Zentrums für Antisemitismusforschung, Prof. Dr. Wolfgang
Benz, der schon im Jahre 2008 im Jahrbuch für Antisemitismusforschung eine gewagte Behauptung aufstellte:
„Die Wut der neuen Muslimfeinde gleicht dem alten Zorn
der Antisemiten gegen die Juden." Der „Hass gegen die
Muslime" bediene sich „der gleichen Methoden …, die vom
christlichen Antijudaismus wie vom rassistischen Antisemitismus entwickelt werden".

Diese bahnbrechende Erkenntnis präsentierte er dann
auf einer Tagung des Zentrums, bei der es um das „Feindbild Muslim – Feindbild Jude" ging und die Frage, „welche
Gemeinsamkeiten Judenfeinde und Islamfeinde teilen".

Als Benz daraufhin in die Kritik geriet, sprang ihm
ein ebenso „renommierter" jüdischer Akademiker zur Seite,
der Erziehungswissenschaftler Prof. Dr. Micha Brumlik.
Sein Plädoyer für Benz erschien in der *taz* unter der Überschrift „Vergleichen heißt nicht gleichsetzen". Brumlik
wunderte sich: „Warum kann eine doch eher akademisch
klingende Frage aus dem Gebiet der vergleichenden Vor-
urteilsforschung derartige Animositäten freisetzen?"

Seitdem – steter Tropfen höhlt den Stein – ist aus einer
akademisch klingenden Frage ein beliebter Gemeinplatz
geworden: Die Islamophobie ist der Antisemitismus des
21. Jahrhunderts. Und die Muslime sind die neuen Juden.

Nun hätte ich nichts, gar nichts dagegen, wenn ER eine andere Ethnie zu seinem Lieblingsvolk erwählen würde. Es wäre mir sehr recht. Der Antisemitismus – der polnische, der deutsche, der rechte, der linke, der gutbürgerliche, der muslimische – zieht sich durch mein Leben wie eine offene Abwassergrube durch einen Slum in Kalkutta. Immer wieder nehme ich es mir vor, den Gestank zu ignorieren. Vergeblich. Dabei habe ich für die Kämpfer gegen den Antisemitismus, die von einer Konferenz zur anderen ziehen und darüber dozieren, dass man den Judenhass überwindet, indem man den enormen Beitrag der Juden zur europäischen Kultur thematisiert, nichts als Verachtung übrig.

Noch ärger finde ich die Überlebenden, die vor Schulklassen auftreten und nicht einmal dann ausrasten, wenn sie gefragt werden, wie es denn sein könne, dass die Israelis den Palästinensern das antun, was die Nazis den Juden angetan haben. Sie sind offenbar in ihrem Leben noch nicht genug erniedrigt worden. Als neulich einer aus dieser Liga starb, wurde er in der *Tagesschau* mit dem Satz verschiedet, er habe viel „für die Aussöhnung zwischen Juden und Deutschen" getan. War ja auch bitter nötig, nach allem, was die Juden den Deutschen angetan haben.

Am meisten aber kotzen mich die Wortakrobaten an, die zwischem einem primären, einem sekundären und demnächst vermutlich auch einem tertiären Antisemitismus unterscheiden. So kann man ein Thema auch „ausdifferenzieren". Während ein zu intensiver Blick in ein Dekolleté reicht, um als „Sexist" diagnostiziert zu werden, muss man sich wesentlich mehr Mühe geben, wenn man in den Club der Antisemiten aufgenommen werden möchte. Nicht einmal Jakob Augstein hat es mit seinen ressentimentgetränkten Kommentaren („Wenn Jerusalem anruft, beugt sich Berlin dessen Willen …") geschafft. Für seine Anhänger ist er allenfalls ein „Israelkritiker", der mutig ausspricht, was jene nur leise denken.

Wie geht es nun mit dem Projekt *Schalom-Aleikum* weiter? Wird man zum nächsten Treffen das Format erweitern und auch christliche Startupper und Startupperinnen einladen? Später auch Agnostiker, Atheisten, Nudisten, Vegetarier, Veganer und Angehörige anderer Religionen?

Ich will es hoffen. Damit das Internet bunt, divers und weltoffen bleibt.

Schlepper-Kapitänin

Der amtierende Bundespräsident Steinmeier, der unlängst das Grab von Jassir Arafat besucht und dort einen Kranz niedergelegt hat, sagte im Zusammenhang mit der Festnahme der deutschen Kapitänin Carola Rackete durch die italienische Polizei: „Wer Menschen rettet, kann nicht Verbrecher sein." Irgendwie hängt der Satz schräg in der Luft. Er müsste, finde ich, lauten: „Wer Menschen rettet, kann kein Verbrecher sein" oder „Wer Menschen rettet, kann nicht ein Verbrecher (oder eine Verbrecherin) sein".

Aber das nebenbei. Was Steinmeier sagen wollte, war: Carola Rackete, Kapitänin des unter holländischer Flagge fahrenden, nur bedingt hochseetauglichen Dampfers „*Sea-*

Watch 3", hatte kein Verbrechen begangen, als sie mit ihrem Schiff und 40 Flüchtlingen an Bord unerlaubt im Hafen von Lampedusa anlegte.

Allerdings: Nicht nur die Anmut und die Schönheit liegen im Auge des Betrachters. Was ein Verbrechen ist, hängt ebenfalls von der Betrachtungsweise ab. Und nicht alles, was verboten ist, ist automatisch ein Verbrechen. Parken im Halteverbot ist eine Ordnungswidrigkeit, Ladendiebstahl ein Vergehen.

Das Verhalten der Kapitänin kann man so oder so beurteilen. Als einen Akt zivilen Ungehorsams im Dienst der Menschlichkeit oder als Missbrauch menschlichen Elends für politische Zwecke. Für die DDR waren „Fluchthelfer", die Bürgern der DDR zu einer „Ausreise" verhalfen, „kriminelle Elemente", für die Öffentlichkeit der Bundesrepublik waren es Helden. Es kommt natürlich auf die Umstände an.

Ich denke, es ist legitim, Parallelen zu sehen zwischen der Befreiung aus den Klauen einer Diktatur und der Rettung aus Seenot. Ebenso legitim ist es aber, darauf hinzuweisen, dass die Flüchtlinge Migranten sind, die sich bewusst in „Seenot" begeben, wohl wissend, dass vor der Küste ein Schiff darauf wartet, sie zu retten. So was kann schon mal schief gehen, und dann ist „die Politik", allen voran der italienische Innenminister, daran schuld, dass Flüchtlinge/Migranten die Überfahrt nicht überleben.Und wer daran glaubt, dass die Retter keine Ahnung haben, wo gerade eine Bootsladung Menschen ausgesetzt wurde, dass sie auf Sicht fahren und sich dabei auf ihre Ferngläser verlassen, der glaubt auch Schleppern, dass sie dem Flüchtlingskommissar der Vereinten Nationen zuarbeiten.

Die Lage ist also recht unübersichtlich, vielleicht zu unübersichtlich für einen einfachen Sozialdemokraten, der es bis zum Hausherrn im Schloss Bellevue gebracht hat. Der Satz „Wer Menschen rettet, kann nicht Verbrecher sein" klingt erst einmal gut, wie eine Ergänzung des oft bemühten Satzes aus dem Talmud: „Wer auch immer ein einziges Leben rettet, der ist, als ob er die ganze Welt gerettet hätte."

Wenn man allerdings einen Schritt weiter geht und die Aussage, wer Menschen rettet, der könne nicht Verbrecher sein, auf ihr dialektisches Potenzial abklopft, sieht die Sache schon anders aus. „Wer Menschen nicht rettet, der ist ein Verbrecher." Oder auch: „Wer die Möglichkeit hat, Menschen zu retten, sie aber nicht nutzt, der macht sich eines Verbrechens schuldig." So etwas nennt man unterlassene Hilfeleistung.

Und genau das tut die Bundesregierung. Sie könnte ein paar ihrer Schiffe – es muss ja nicht gleich die Gorch Fock sein – ins Mittelmeer schicken, mit dem Auftrag, nach Booten Ausschau zu halten, in denen Flüchtlinge sitzen. Falls nicht genug Schiffe da sind, weil sie gerade überholt oder bei den Dreharbeiten für die „Küstenwache" eingesetzt werden, könnte die Bundesregierung ein paar Kreuzfahrtschiffe chartern, die für Reisen in die Karibik nicht mehr gut genug, im Prinzip aber fit sind.

Aber auf diese einfache Idee kommt die Bundesregierung nicht, sie überlässt die Initiative lieber privaten Organi-

sationen wie der *Sea-Watch*, einem eingetragenen gemeinnützigen Verein, der sich „der zivilen Seenotrettung von
Flüchtenden verschrieben hat". Das ist so, als würde die
Bundesregierung keine Truppen mehr nach Mali oder an
das Horn von Afrika schicken, es aber sehr begrüßen,
wenn die Heilsarmee diese Aufgabe übernehmen würde.

Steinmeiers Satz – „Wer Menschen rettet, kann nicht
Verbrecher sein" – mag als eine Art Selbstanzeige verstanden werden, ein Versuch, das eigene schlechte Gewissen
durch eine Beichte zu beruhigen. Möglich, dass ich Steinmeier zu viel zutraue, dass er nicht so komplex denkt.
Aber völlig unmöglich wäre es nicht. Bleibt nur die Frage,
was er uns sagen wollte, als er einen Kranz am Grab von
Jassir Arafat niederlegte.

Kamellen

Einen guten Monat nach der Europawahl steht fest: „Manfred Weber wird nicht Präsident der EU-Kommission",
meldet die *Welt*, darauf hätten sich „die EU-Regierungs-
chefs beim G-20-Gipfel" im japanischen Osaka „geeinigt",
die Bundeskanzlerin habe „die Entscheidung demnach
bereits akzeptiert".

Dazu muss man Folgendes wissen: Manfred Weber,
CSU, war der Spitzenkandidat der Europäischen Volks-
partei, die bei den Wahlen zum EU-Parlament am 24. Mai
2019 mit 182 von 751 Sitzen zwar stärkste Fraktion wurde,
die absolute Mehrheit aber klar verpasste. Die EVP setzt
sich, wenn ich mich nicht verzählt habe, aus 49 nationalen

Parteien zusammen. Aus Deutschland sind es die CDU und CSU, aus Ungarn die *Fidesz-Magyar* von Viktor Orban, aus Spanien die *Partido Popular*, aus Österreich die ÖVP von Sebastian Kurz, aus Bulgarien die *Bürger für eine europäische Entwicklung Bulgariens* und die *Demokraten für ein starkes Bulgarien*, was sich so anhört wie die bulgarische Variante der Geschichte über die „Volksfront von Judäa" und die „Judäische Volksfront" in Monty Python's Komödie *Life of Brian*. Von den 182 Sitzen der EVP-Fraktion entfallen 23 auf die CDU und sechs auf die CSU, zusammen also 29, was bedeutet, dass die Deutschen den Ton angeben und die Marschrichtung bestimmen. Die zweitgrößte „Gruppe" innerhalb der EVP ist die polnische *Platforma Obywatelska* mit 14 Sitzen.

Im Wahlkampf zum EU-Parlament war immer wieder von einer „Schicksalswahl" die Rede. Politiker und Journalisten überboten einander in dem Bemühen, dem Volk die Bedeutung dieser Wahl klarzumachen, damit die Wählerinnen und Wähler ja zur Wahl gehen und Europa vor den Rechtspopulisten retten, die Europa – gemeint war immer die EU – „zerstören" wollten.

Der letzte große Feind, gegen den sich das deutsche Volk 1933 erheben musste, das internationale Finanzjudentum, stand aus den bekannten Gründen nicht mehr zur Verfügung, also musste ein neuer Feind her. Wobei ich darauf hinweisen möchte, dass eine rechtsextreme Splitterpartei mit dem Ruf „Israel ist unser Unglück" für sich warb, eine aktualisierte Version der Parole „Die Juden sind unser Unglück", die jede Titelseite des „Stürmer" zierte.

Was immerhin von einer gewissen Ehrlichkeit zeugt, die darauf verzichtet, zwischen „Antisemitismus" und „Antizionismus" zu differenzieren. Aber das nur nebenbei.

Zurück zu Manfred Weber. Als „Spitzenkandidat" der stärksten Fraktion war er tatsächlich davon überzeugt, seine Wahl zum Präsidenten der Europäischen Kommission, dem Top-Job auf der Kommando-Brücke der EU, sei reine Formsache. Eine „historische Chance", so stand es auf den Wahlplakaten der CSU, die Manfred Weber „an die Spitze Europas" bringen würde.

Entgegen all dem Gerede vom „Projekt Europa", in dem die nationale Zugehörigkeit keine Rolle mehr spielen würde, kam es plötzlich doch darauf an, wer es an die Spitze schafft, als wäre Europa ein Berg, der auf seinen Erstbesteiger wartet.

So ähnlich hatte bereits fünf Jahre zuvor, 2014, die SPD für ihren „Spitzenkandidaten" Martin Schulz geworben: „Nur wenn Sie Martin Schulz und die SPD wählen, kann ein Deutscher Präsident der EU-Kommission werden", womit Schulz und die SPD „alles auf den Kopf" stellten, „wofür wir in Europa über Jahrzehnte gekämpft haben", so Daniel Cohn-Bendit. Schulz habe „noch Glück gehabt, dass andere Länder das nicht mitbekommen haben", sonst wären die „europaweiten Vorurteile gegen Deutschland als Hegemonialmacht" noch stärker geworden.

Aus dem Debakel der SPD im Jahre 2014 hatten die CDU und die CSU nichts dazugelernt. Sie gingen davon aus, das EU-Parlament würde erstens einen der Spitzenkandidaten zum Kommissionspräsidenten wählen und zweitens denjenigen, der bei der Wahl die Nase vorne hatte, also Weber. Wohl wissend, dass das Parlament ein Akklamationsapparat ist, der nur einen Kandidaten küren kann, der ihm vom Rat, dem Gremium der 28 Regierungschefs und Präsidenten der EU-Staaten, vorgeschlagen wird. Der Rat selbst ist nur gehalten, „das Ergebnis der Wahlen zu berücksichtigen", er muss es nicht umsetzen.

Das also ist „The Great European Experience", der große Sprung nach vorn auf dem Wege zu den Vereinigten Staaten von Europa. Deswegen wurde in den Wochen vor dem Wahltermin getrommelt und gepfiffen, wie beim Rosenmontagsumzug in Mainz, wenn Kamellen durch die Luft fliegen: „Europa ist die Antwort", „Wir sind Europa", „Europa ist für alle da!", „Mehr Europa!". Deswegen gab Katarina Barley, eine Europäerin vom Scheitel bis in die Zehenspitzen, ihren Job als Ministerin auf, um in das Europa-Parlament einziehen zu können. Mehr als 420 Millionen Europäer waren aufgerufen, ein Parlament zu wählen, dessen einzige relevante Leistung darin besteht, dass es die Lebenshaltungskosten in Brüssel und Straßburg in astronomische Höhen getrieben hat. Diese beiden Städte sind die Brennpunkte einer Ellipse, um die Heerscharen von Abgeordneten, Beamten, Beratern, Journalisten, Lobbyisten, NGO-Mitarbeitern und Therapeuten kreisen. Diese – geschätzt – fünfzig- bis hunderttausend Menschen, also eine eher kleine Gruppe, bilden den neuen europäischen Adel, dessen Angehörige sich bestens miteinander verstehen, auch wenn sie gelegentlich so tun, als befänden sie sich im Krieg, wie z.B. in der Mautfrage auf deutschen Autobahnen. Wie jeder Adel sind sie untereinander vernetzt, helfen und stützen sich gegenseitig.

Dass ein deutscher Europaabgeordneter den Fahrdienst des Bundestages benutzen darf, wenn er in Berlin zu tun hat, dienstlich oder privat, ist noch eines der harmloseren Privilegien einer Kaste, die sich auch dorthin fahren lässt, wo sogar der Kaiser zu Fuß geht. Wichtiger sind die späten Kollateralnutzen des Jobs. Udo van Kampen, der mit seinem Geburtstagsständchen für die Kanzlerin alle Grenzen der Peinlichkeit sprengte, arbeitet seit seiner Verrentung beim ZDF für ein großes internationales Beratungsunternehmen als „Spezialist für die Bereiche Reputation, Positionierung sowie Medientraining an den Standorten Berlin und Brüssel", er ist nicht nur „ein renommierter deutscher Journalist und war viele Jahre beim ZDF", er verfügt auch „über ein breites Netzwerk unter Meinungsführern und Entscheidern in allen nationalen und europäischen Institutionen".

Gut, Udo van Kampen ist nicht der erste und nicht der einzige Journalist, der sich denen andient, über die er früher mal berichten musste, das kommt öfter vor, er ist eher ein Marketender als ein Militär; aber doch recht prototypisch für ein Milieu, in dem die Übergänge vom Beobachter zum Dienstleister mit Daunen ausgelegt sind.

Worum geht es also bei der EU? Um den Zugang zu Ressourcen. Genau genommen um fünf Jobs, die vergeben werden: Kommissionspräsident, Präsident des Rates, Außenbeauftragter, Präsident der Europäischen Zentralbank und Präsident des Europäischen Parlaments. Im

Ernst, das ist schon alles. Und um dieses Postenroulette zu rechtfertigen, muss um den Spieltisch herum ein ganzes Kasino gebaut werden. Denn an jedem Posten hängen Tausende weitere. Allein der Europäische Auswärtige Dienst (EAD), über den nur Insider wissen, dass es ihn gibt, beschäftigt über 3.600 Mitarbeiter, etwa 2.000 in den 136 „Delegationen", wie die Botschaften des EAD heißen, und ca. 1.600 in der Brüsseler Zentrale. Aufgabe des EAD ist es, „supranationale sowie intergouvernementale Instrumente in Einklang (zu) bringen, um die Kohärenz des außenpolitischen Handelns der EU zu gewährleisten". Sie möchten es noch konkreter wissen? Dann schauen Sie auf der Seite des EAD nach. Da steht: „Der EAD pflegt die diplomatischen Beziehungen der EU zur übrigen Welt und setzt die Außen- und Sicherheitspolitik der EU um." Es gibt zwar keine europäische Außen- und Sicherheitspolitik, die diesen Namen verdienen würde, aber der EAD setzt sie um.

Während ich dies schreibe, berichtet Hannelore Crolly aus Brüssel, auch das dritte Gipfeltreffen der 28 Staats- und Regierungschefs über die Verteilung der Topjobs sei nach 18 Stunden ergebnislos abgebrochen worden. „Der Poker ging allen an die Nerven: Es herrschten Chaos, Verwirrung und Streit."

So wird es eine Weile weitergehen, bis die Staats- und Regierungschefs irgendeine Lösung finden, in den frühen Morgenstunden eines Brüsseler Tages, vollkommen erschöpft, aber auch berauscht von der eigenen Leistung. Sie werden vor die Mikrofone treten und verkünden, die

viele Mühe habe sich gelohnt, Europa sei noch näher zu-
sammengerückt und werde mit vereinten Kräften die europäische Idee gegenüber China, Russland und den USA vertreten. In fünf Jahren wird es wieder eine „Schicksalswahl"
geben, bei der über die Besetzung der fünf Topposten entschieden wird. Eines steht heute schon fest: Martin Weber
und Frans Timmermans werden nicht dabei sein.

Islam, Jägermeister, Let's Dance!

Thomas Kleist, der Intendant des Saarländischen Rundfunks, ist der am schlechtesten bezahlte Intendant aller
ARD-Anstalten. Mit nur 237.000 Euro jährlich verdient er
wesentlich weniger als die Intendanten des WDR (399.000
Euro) und des BR (367.000 Euro). Damit mag es zu tun
haben, dass Kleist anlässlich einer Preisverleihung eine
Idee präsentierte, mit der er seine Kollegen wenigstens
einmal überrunden wollte.

Er hat, so berichtet es der Mediendienst *Meedia*, „ein
europäisches Gütesiegel für Qualitätsjournalismus" gefordert, denn: „Das Auftreten neuer Internetanbieter und die
steigende Zahl sogenannter Influencer mache es nicht
einfacher, den Wahrheitsgehalt bestimmter Sachverhalte
im Netz zu identifizieren."

Angesichts der Hasskommentare, die sich wie „Lauf-
feuer" im Netz verbreiteten, stelle sich die Frage, „wie die
freiheitlichen Demokratien mit diesem Phänomen umgehen wollen". Ein „Gütesiegel", dem „TÜV-Kennzeichen auf
Elektrogeräten vergleichbar", könne „dem Internetkonsu-

menten auf Anhieb vor Augen führen, wer es mit wem zu tun habe", so der Intendant des Saarländischen Rundfunks, Thomas Kleist.

Wow, werden Sie jetzt sagen, was für eine tolle Idee! Ein Gütesiegel für Qualitätsjournalismus! Und ein europäisches dazu! Vermutlich wird in Brüssel bereits die Einrichtung einer „Behörde für die Ermittlung des Wahrheitsgehaltes bestimmter Sachverhalte im Netz" vorbereitet, denn wer, wenn nicht die EU, wäre in der Lage, eine solche Aufgabe zu stemmen. Eine strukturelle Grundlage existiert bereits, 4.000 Dolmetscher und Übersetzer arbeiten in der Brüsseler EU-Zentrale, jedes Dokument muss in 24 Amtssprachen der EU übersetzt werden, darunter auch ins Irische, Maltesische und Slowenische, drei Idiome, deren Bedeutung man für die europäische Integration nicht unterschätzen sollte.

Das Erste, was der Ruf nach einem solchen Gütesiegel dem Internetkonsumenten auf Anhieb vor Augen führt, ist in der Tat die Erkenntnis, mit wem er es hier zu tun hat: Einem ARD-Bleistiftspitzer, der seine Bewerbung für die Leitung einer solchen Behörde abgibt. Thomas Kleist, derzeit noch Intendant des Saarländischen Rundfunks, möchte gerne Chef einer europäischen Reichs-Internetkammer werden, die Gütesiegel verteilt und auch entzieht. Ich vermute, er hat bereits einen Arbeitskreis ins Leben gerufen, der die Kriterien erarbeiten soll, nach denen dabei verfahren wird.

Die Idee des Gütesiegels ist nicht neu. Eines der ersten war „Made in Germany", das 1887 in England erfunden wurde, um britische vor importierten Produkten zu schützen. Gemeint war es als eine Art Warnung, im Laufe der Zeit wandelte es sich zu einer Empfehlung. Der Begriff „Gütesiegel" ist nicht geschützt. Es steht jeder Firma, jedem Verein und jeder Hausfrau frei, ein „Gütesiegel" zu kreieren und zu vermarkten. Allein auf dem deutschen Markt soll es inzwischen über 1.000 verschiedene Kennzeichen und Label geben, die sich gegenseitig Konkurrenz machen. Das bekannteste dürfte das „Bio-Siegel" sein, mit dem Erzeugnisse aus ökologischem Anbau gekennzeichnet werden. Das „Europäische Umweltzeichen", eine stilisierte Blume, wurde 1992 durch eine EG-Verordnung eingeführt, um besonders umweltverträgliche Produkte wie Matratzen, Leuchten und Wandfarben von den weniger umweltfreundlichen zu unterscheiden. Die „Blaue Flagge" wird von der „Stiftung für Umwelterziehung" für Leistungen im Bereich des nachhaltigen Tourismus vergeben, der „Blaue Engel" geht an „umweltfreundliche Produkte und Dienstleistungen", das „Flowerlabel" an Gärtnereien, in denen „Schnittblumen unter sozial- und umweltverträglichen Bedingungen produziert werden".

Der Witzischkeit halber soll auch das „Umweltgütesiegel für Alpenvereinshütten" erwähnt werden, das an Berghütten verliehen wird, die „in besonderer Weise den Grundsatz der Nachhaltigkeit im Umweltschutz" erfüllen. Zuletzt, im Sommer 2017, hat der „Bundesverband Sexuelle Dienstleistungen" ein Zertifikat für Bordelle eingeführt, das für „faire, selbstverantwortliche und hygienische Arbeitsbedingungen" bürgen soll. Außerdem will man „falschen Vorstellungen über Bordelle" entgegenwirken.

Wenn also schon Freudenhäuser zertifiziert werden, was spricht dann dagegen, ein Gütesiegel für Qualitätsjournalismus einzuführen? Wenig bis gar nichts, wobei man mit Analogien zwischen Journalisten und Prostituierten vorsichtig umgehen sollte. Es wäre nicht fair, die Angehörigen eines anständigen Gewerbes zu diskriminieren.

Bei der Einführung eines „Gütesiegels für Qualitätsjournalismus" müsste nur eine zentrale Frage geklärt werden: Wie stellt man „den Wahrheitsgehalt bestimmter Sachverhalte im Netz" fest? Viele Sachverhalte sind ja bis heute umstritten. Zum Beispiel: Hatte der Führer wirklich nur ein Ei? Sind die Israeliten tatsächlich 40 Jahre durch die Wüste gewandert? War Maria bei der Geburt ihres Sohnes eine Jungfrau? Ist die Marktwirtschaft der Planwirtschaft überlegen? Gehört der Islam zu Deutschland wie *Jägermeister*, das *Wort zum Sonntag* und die *Happy Hour*? Hat die Mondlandung in der Wüste von Nevada oder Arizona stattgefunden? Steht die Abkürzung NATO für „No Action Talk Only"? Haben Frauen deswegen kleinere Füße als Männer, damit sie beim Kochen näher am Herd stehen können?

Fragen über Fragen, die unser Sosein erschüttern. Hinzu kommt, dass die Übergänge zwischen Tatsachen und Meinungen flexibel sind. Gehört die Behauptung, die Kanzlerin führe die Bundesrepublik in eine politische und wirtschaftliche Katastrophe, bereits in die Kategorie der Hasskommentare, oder ist es eine zulässige Meinung, wenn nicht gar eine Tatsache? Es wird nicht leicht sein, ein Gütesiegel für Qualitätsjournalismus zu entwickeln. Man wird eine hochkarätig besetzte Expertenrunde brauchen, der neben Anja Reschke, Dunja Hayali und Anetta Kahane auch die Gewinner der letzten Staffel von „Let's Dance!" angehören werden. Bundespräsident Steinmeier wird die Schirmherrschaft übernehmen. Und Thomas Kleist, u.a. auch Mitglied in der Bundesmedienkommission der SPD, hätte noch drei Jahre Zeit zum Üben. Sein Vertrag als Intendant des Saarländischen Rundfunks läuft 2022 aus.

Friday First

Luisa Neubauer, das „deutsche Gesicht der *Fridays for Future*-Bewegung, also quasi die deutsche Greta Thunberg, nur älter und attraktiver, hat dem *Deutschlandfunk* ein Interview gegeben, in dem sie u.a. eine frühere Abschaltung der deutschen Kohlekraftwerke fordert, nämlich bis 2030, statt, wie von der Regierung geplant, bis 2038. Die ersten Kohlekraftwerke sollten „noch in diesem Jahr" vom Netz gehen.

Luisa Neubauer sprach im „Pluralis majestatis", den auch gerne Politiker benutzen, die nach nur zwei Legislaturperioden eine Leibrente bis an ihr Lebensende beziehen, wenn sie zu den „Menschen draußen im Lande" sprechen, die 30 oder 40 Jahre in die Sozialversicherung einzahlen müssen, um mit Fünfundsechzig eine monatliche Abschlagszahlung zu bekommen, die etwa dem Betrag entspricht, den Martin Schulz in seiner Eigenschaft als Präsident des Europaparlaments als Tagegeld in drei Tagen kassiert hat, was ihm ein zusätzliches Einkommen von etwa 110.000 Euro jährlich einbrachte. – Was wiederum erklärt, warum er lieber in Brüssel geblieben wäre, statt sich für die SPD in Berlin zu opfern.

Während Martin Schulz seine Zukunft bereits hinter sich hat, hat Luisa Neubauer ihre Vergangenheit noch vor sich. Wenn sie mit ihrem Geografiestudium fertig ist, wird sie ihr Hobby zum Beruf machen und entweder bei den *Grünen* oder bei *Greenpeace* einsteigen. Jetzt schon redet sie, als könnte sie es gar nicht abwarten, in den Kreis der Entscheidungsträger aufgenommen zu werden. „Wir müssten anfangen, einen reellen Preis für die Klimazerstörung zu zahlen, die wir gerade praktisch jeden Tag voranbringen", sagt sie im DLF-Interview. „Ob das der Verbraucher oder die Verbraucherin am Ende zahlt, ob das der Staat tut oder die Steuerzahlerin oder der Steuerzahler, ist eine Gestaltungsfrage."

So, so. Eine Gestaltungsfrage. Das hört sich gut an. Leider hat Luisa Neubauer, das deutsche Gesicht der *Fridays for Future*-Bewegung, keine Ahnung, wovon sie redet. Sie ist, wie viele ihrer Alterskohorte, ein Produkt der deutschen Bildungskatastrophe. Niemand hat es für nötig gehalten, ihr zu erklären, wie der Geldkreislauf funktioniert und woher der Staat das Geld nimmt, das er ausgibt. Wozu auch? Der Strom fließt aus der Steckdose und das Geld aus dem Bankautomaten. So wie Jürgen Trittin einst erklärt hat, die Energiewende werde jeden Haushalt monatlich etwa so viel kosten wie eine Kugel Eis, behauptet Luisa Neubauer heute, es sei eine Gestaltungsfrage, ob „der Staat", „der Steuerzahler" oder „der Verbraucher" den „Preis für die Klimazerstörung" bezahlen wird.

Für diejenigen unter meinen Lesern, die eine Waldorf-
schule besucht haben, will ich kurz erklären, wie „der Staat"
seine Einnahmen generiert: Er erhebt Steuern. In Deutschland gibt es mehr als 40 verschiedene Steuerarten, die in
vier Gruppen eingeteilt werden. Besitzsteuern (Einkom-
mensteuer, Körperschaftsteuer, Gewerbesteuer, Kirchen-
steuer), Verkehrssteuern (Umsatzsteuer, Kraftfahrzeug-
steuer, Luftverkehrsteuer, Rennwett- und Lotteriesteuer,
Feuerschutzsteuer), Verbrauchssteuern (Biersteuer, Brannt-
weinsteuer, Kaffeesteuer, Tabaksteuer, Energiesteuer) und
örtliche Steuern (Hundesteuer, Jagd- und Fischereisteuer,
Vergnügungssteuer). Diesen Einnahmen stehen Ausgaben
gegenüber. Für Arbeit und Soziales, Verteidigung, Verkehr
und digitale Infrastruktur, Zinsen auf die Schulden, die der
Bund aufgenommen hat, Bildung und Forschung, wirtschaftliche Zusammenarbeit und Entwicklung und noch
einiges mehr, z.B. die allgemeine Finanzverwaltung. „Der
Staat" ist ein gigantischer Umverteilungsapparat, der mit
der einen Hand den Verbrauchern und Steuerzahlern das
Geld wegnimmt und es mit der anderen wieder ausschüttet.

Und irgendwo in diesem Riesenwust an Einnahmen
und Ausgaben ist der Betrag ausgewiesen, den „der Staat"
für die Ausbildung von Luisa Neubauer zur Klimaschüt-
zerin geleistet hat. Hat sie von der ersten Klasse der Volks-
schule bis zum Abitur nur zu 100 Prozent privat finan-
zierte Schulen besucht und besucht jetzt eine angemessen
teure private Universität, die ohne staatliche Zuschüsse
auskommt? Mag sein, dass sie der Ansicht ist, „der Staat"
habe ihren Bildungsweg mit vergoldeten Steinen gepflas-

tert, aber da irrt sie sich. Es waren die Verbraucherinnen und Verbraucher mit ihren indirekten und die Steuerzahlerinnen und Steuerzahler mit ihren direkten Steuern, bei denen sie sich für die lange und intensive Förderung bedanken sollte. Stattdessen kann sie gar nicht aufhören, noch mehr Unsinn zu erzählen: „Eine Transformation der Gesellschaft im 21. Jahrhundert hin zu einer Zero-Carbon-Gesellschaft erfordert Veränderung in jedem Lebensbereich. Das bedeutet auch, dass wir hinterfragen, was Wohlstand, was Wachstum, was ein gutes Leben für uns bedeutet."

Okay, lasst uns hinterfragen. Im selben Pluralis majestatis, dessen sich Luisa Neubauer und die Kanzlerin bedienen, wenn sie sich an ihr Volk wenden. Wir sind allerdings noch nicht damit fertig, über den „fundamentalen Wandel" nachzudenken, der uns allen bevorsteht. „Unsere Gesellschaft wird weiter vielfältiger werden, das wird auch anstrengend, mitunter schmerzhaft sein", nicht nur das Zusammenleben müsse „täglich neu ausgehandelt" werden, eine Einwanderungsgesellschaft zu sein bedeute, „dass sich nicht nur die Menschen, die zu uns kommen, integrieren müssen". Wir alle müssen uns „darauf einlassen und die Veränderungen annehmen", je eher wir einsehen, dass sich „unser Selbstbild den Realitäten" anpassen muss, umso besser. „Davon profitieren wir alle."

Weil ich also 24/7 damit beschäftigt bin, mein Selbstbild den Realitäten anzupassen – wenn ich einen Laden in der Sonnenallee betrete, sage ich nicht mehr „Grüß Gott!", sondern „Allahu Akhbar" – bin ich noch nicht dazu gekommen, über eine „Transformation der Gesellschaft zu einer Zero-Carbon-Gesellschaft" nachzudenken und auch darüber, „was Wohlstand, Wachstum, ein gutes Leben für uns bedeutet". Ich gebe zu, ich weiß nicht einmal, was eine Zero-Carbon-Gesellschaft ist.

Carbon ist ja der englische Begriff für Kohle, Kohlenstoff und das komische Papier, das man früher zum Schreiben von Briefen mit Durchschlägen benutzt hat.

Ich habe bei Wikipedia unter „Kohlenstoff" nachgesehen und dabei erfahren, dass Carbon bzw. Kohlenstoff ein „chemisches Element" ist, das in der Natur sowohl in gediegener (reiner) Form als auch chemisch gebunden in Form von Erdgas, Erdöl und Kohle vorkommt. Dass Carbon bzw. Kohlenstoff die Fähigkeit zur Bildung komplexer Moleküle besitzt und von allen chemischen Elementen die größte Vielfalt an chemischen Verbindungen aufweist. „Diese Eigenschaft macht Kohlenstoff und seine Verbindungen zur Grundlage des Lebens auf der Erde."

Carbon bzw. Kohlenstoff ist also kein Gift, sondern die Grundlage des Lebens auf der Erde? Warum strebt Luisa Neubauer dann eine „Transformation der Gesellschaft zu einer Zero-Carbon-Gesellschaft" an? Also eine Gesellschaft ohne Leben?

Wir haben es hier nicht mit einer „Gestaltungsfrage" zu tun, es gilt entweder oder. Entweder ist Kohlenstoff die Grundlage des Lebens auf der Erde, wie es in jedem Lexikon steht, oder wir brauchen eine Zero-Carbon-Gesellschaft, um auf der Erde zu überleben, wie es Luisa Neubauer meint. Tertium non datur.

Ich will das mal so stehen lassen. Bis diese Fragen geklärt sind, und zwar auf einer empirisch-wissenschaftlichen Grundlage, bin ich allerdings nicht in der Lage, darüber nachzudenken, „was Wohlstand, Wachstum, ein gutes Leben für uns bedeutet". First things first. Und ganz zuletzt: Luisa Neubauer und ihre hüpfenden Fruchtzwerge.

Schmu

Die stellvertretende Vorsitzende der *Grünen*, Jamila Schäfer, ist bei Weitem nicht so bekannt wie ihre Vorgesetzten, Annalena Baerbock und Robert Habeck, aber auch kein No Name auf der grünen Reservebank. Sie koordiniert „grüne Politik im europäischen und internationalen Rahmen", was immer das konkret bedeuten mag. Proteste gegen die französische Atompolitik – über 70 Prozent des im Lande der Eclairs und Croissants produzierten Stroms wird von Kernkraftwerken erzeugt – gehören jedenfalls nicht dazu oder sie finden unter Ausschluss der Öffentlichkeit statt. Dafür ist die *Grüne Jugend* „immer stark freitags auf den Demonstrationen" der *Fridays for Future* vertreten. Und zwar mit der Forderung, „dass die Dringlichkeit des Klimawandels und die Versäumnisse der aktuellen Politik erkannt werden".

Es geht also um einen Erkenntnisgewinn, nicht unbedingt um ein Tätigwerden, jedenfalls nicht über die Teilnahme an den Freitag-Demos hinaus. „Die Jugendlichen", für die Jamila Schäfer das Wort ergreift, fühlten sich „in der Regierungspolitik nicht richtig aufgehoben", sie hätten den Eindruck, „dass Politikerinnen und Politiker sich nicht dafür interessieren, was Jugendliche denken".

Da liegen die „Jugendlichen" vollkommen richtig. Nicht nur die Politiker, auch die Politikerinnen interessieren sich einen Dreck dafür, was sie denken. Eine Jugend, die Greta Thunberg folgt, auf Twitter und im wahren Leben, hat es nicht besser verdient.

Jamila Schäfer, die stellvertretende Vorsitzende der *Grünen*, mag da eine Ausnahme sein, sie macht sich eigene Gedanken, über das Klima und den Klimawandel. „Wir haben die gemeinsame Menschheitsaufgabe, unsere eigenen Lebensgrundlagen zu schützen (...) Wenn wir und künftige Generationen noch gut auf diesem Planeten leben wollen, müssen wir die Klimaziele schaffen."

Das sind Sätze, bei denen ich Gänsehaut bekomme, egal wer es ist, der sie in die Welt posaunt. Wenn ein deutscher Politiker oder eine deutsche Politikerin sagt, „wir" hätten „die gemeinsame Menschheitsaufgabe, unsere eigenen Lebensgrundlagen zu schützen", dann ist es höchste Zeit, sich entweder zu verbarrikadieren oder das Weite zu suchen. Oder zuerst das Eine und bald darauf das Andere zu tun, im Schutze der Nacht und ohne Rücksicht auf Einbahnstraßen und Dieselfahrverbote. Was sich da Bahn bricht, ist der Totalitarismus der Besorgten, die im Namen „künftiger Generationen" auftreten, um sich selbst zu ermächtigen, Gebote und Verbote auszusprechen, die nur dann eine Chance haben, akzeptiert zu werden, wenn sie als Prophylaxe daherkommen. Es geht nicht um uns, es geht um unsere Kinder und Enkelkinder ... Mehr Schmu geht nicht.

Außergewöhnliche Umstände erfordern außergewöhnliche Maßnahmen. Als es darum ging, „unsere eigenen Lebensgrundlagen zu schützen", die Reinheit unserer Rasse zu bewahren und ihren Lebensraum zu erweitern, mussten eben ein paar Polen, Russen, Juden, Zigeuner und Behinderte dran glauben. Wer sich in den Dienst einer „Menschheitsaufgabe" stellt, der darf auch alle Regeln der Logik und Logistik übergehen, der sieht überall „globale Zusammenhänge", die alles, wirklich alles rechtfertigen.

So behauptet auch Jamila Schäfer, dass „unsere Politik hier etwas mit Dürren in Äthiopien zu tun hat und dass man darum etwas verändern muss". Wenn ich diesen Satz richtig verstanden habe, ist „unsere Politik hier" für die Dürren in Äthiopien verantwortlich. Weil „wir" dafür gesorgt haben, dass es in Äthiopien zu wenig regnet, weil „wir" die Brunnen der Äthiopier angezapft und das Wasser in die Schorfheide umgeleitet haben, und weil „wir" überhaupt an allem schuld sind. Dass im Iran die Ayatollahs das Sagen haben, dass der Judenhass in arabischen Ländern blüht und gedeiht, dass die DDR 40 Jahre lang eine sowjetische Kolonie war, dass der Lebensraum der Eisbären schrumpft, dass Israel ein Brückenkopf des Imperialismus im Nahen Osten ist und dass Frauenbeschneidung auch in Bielefeld und Kaiserslautern praktiziert wird. Gibt es etwas, woran „wir" nicht schuld sind?

Sich schuldig zu fühlen, ist das neue Yoga, nicht nur junger weißer Frauen, die sich in der Flüchtlingsbetreuung engagieren, sondern auch alter weißer Männer, die für eine „globale Gerechtigkeit" eintreten, wie z.B. unser

Bundesminister für wirtschaftliche Zusammenarbeit, Gerd Müller: „Glauben Sie nicht, dass wir auf die Dauer unseren Wohlstand auf dem Rücken Afrikas und der Entwicklungsländer leben können, ohne dass die Menschen zu uns kommen und sich dann holen, was ihnen gehört."

Als Müller im Mai 2017 diese Sätze im Bundestag sprach, schaute ich mich in meiner 80 Quadratmeter großen Penthouse-Wohnung um und überlegte, was ich freiwillig abgeben müsste, um zu verhindern, dass Menschen aus Afrika und den Entwicklungsländern zu uns kommen und sich dann holen, was ihnen gehört.

Meine 500 Schneekugeln? Die Gesamtausgabe der „Fackel" aus dem Zweitausendeins Verlag? Die 20 Jahre alte Stereoanlage? Die Kienzle-Küchenuhr, die ich von meinen Eltern geerbt habe? Oder die letzten drei Russ-Meyer-Kassetten, die meine Gäste übriggelassen haben? Was immer es sein sollte, ich würde es abstoßen, um den von Dürre geplagten Menschen in Äthiopien zu helfen.

Um bei Jamila Schäfer zu punkten, wäre das, fürchte ich, nicht genug. Wir sollten, sagt sie, bei Fußballspielen darauf achten, „ab wann bestimmte Dynamiken bei großen Fan-Aufgeboten nationalistische Züge bekommen können". Das ist etwas, wozu uns „unsere Geschichte zur Achtsamkeit verpflichtet".

Mir ist Fußball vollkommen egal. Gäbe es keinen Fußball, würde ich nichts vermissen. Ich käme auch nie auf die Idee, eine Fahne zu schwenken und dabei irgendetwas zu brüllen, das sich wie ein Schmerzensschrei bei einem Treppensturz anhört.

Aber es gibt nun mal Menschen, die so etwas mögen, so wie es Menschen gibt, die Labskaus für eine Delikatesse halten oder gerne Musik von Stockhausen hören. Ich gehöre nicht dazu. Aber ich lasse jedem und jeder sein/ihr Vergnügen, so lange sie mich nicht dazu zwingen, es mit ihnen zu teilen. Also auch beim Fußball.

Ich würde mich jedenfalls nicht mit einem Dezibel-Messgerät in ein Fußballstadion setzen, um zu prüfen, ab wann „bestimmte Dynamiken" bei großen Fan-Aufgeboten „nationalistische Züge" annehmen, wann zu laut geschrien wird und zu viele Fahnen geschwenkt werden.

Es muss, finde ich, Ventile geben, mit deren Hilfe Menschen Dampf ablassen können, die nicht in der Lage sind, sich so differenziert zu artikulieren wie die stellvertretende Vorsitzende der *Grünen*.

Aber ich mag mich irren. Und vielleicht ist es wirklich das, wozu uns unsere Geschichte verpflichtet. Rad fahren, Strom sparen, kein Fleisch essen und bei der nächsten Fußball-WM ganz leise „Adieu Deutschland" murmeln.

Kippatragen

Jeder Werbespot für eine Arznei, und seien es nur Kopfschmerztabletten, endet mit dem Hinweis, dass man sich über mögliche Risiken und Nebenwirkungen kundig machen und vor Einnahme die Angaben auf dem Beipackzettel beachten sollte. Auch wenn dieser Hinweis vor allem der Absicherung des Herstellers gegenüber dem Kunden dient, damit dieser nicht auf die Idee kommt, den Hersteller zu verklagen, ist er weder unnötig noch übertrieben. Es ist richtig, Menschen immer wieder daran zu erinnern, dass alles, was sie tun, mit Risiken und Nebenwirkungen behaftet ist und Folgen hat. Wer sich nach einem Gang zur Toilette nicht die Hände wäscht, sollte nicht überrascht sein, wenn ihn wenig später ein Virus heimsucht. Das ganze Leben steckt voller Risiken und Nebenwirkungen. Die meisten sind absehbar, kalkulierbar und – vermeidbar.

Vor gut zehn Jahren gab der damalige Berliner Polizeipräsident Porsche-Besitzern den Rat, ihre Autos nicht „nachts in Kreuzberg auf der Straße zu parken", das sei zu gefährlich. Der damalige Chef des Berliner Landeskriminalamtes sprang ihm mit der Bemerkung zur Seite, wenn er seiner Frau „einen Brillantring" kaufen und sie diesen „unter einer Laterne liegen lassen" würde, dann müsste er sich „auch wundern". Worauf beide in die Kritik gerieten, weil sie sich, angesichts der knappen Ressourcen der Polizei, für die Regel „der Klügere gibt nach" entschieden hatten.

Dieselbe Erfahrung musste neulich auch der Antisemitismus-Beauftragte der Bundesregierung machen, nachdem er seine Meinung über die Risiken und Nebenwirkungen des Kippatragens in der Öffentlichkeit revidiert hatte. „Ich kann Juden nicht empfehlen, jederzeit überall in Deutschland die Kippa zu tragen." Das habe mit der „zunehmenden gesellschaftlichen Enthemmung und Verrohung" zu tun, die einen „Nährboden für Antisemitismus" bilde. Worauf ihm der bayerische Innenminister Herrmann umgehend widersprach. „Jeder kann und soll seine Kippa tragen, egal wo und egal wann er möchte", das sei ein „Teil der Religionsfreiheit". Ein früherer Vizepräsident des Zentralrates der Juden in Deutschland sprach gar von einem „Offenbarungseid des Staates", der gewährleisten müsse, „dass Juden sich überall angstfrei zu erkennen geben können".

Es ist in der Tat die wichtigste Aufgabe eines Staates, für die Sicherheit seiner Bürger zu sorgen. Aller Bürger. Eine besondere Pflicht des Staates, dafür zu sorgen, „dass Juden sich überall angstfrei zu erkennen geben können", gibt es nicht, es sei denn, man leitet sie aus der deutschen Geschichte her, was aber kein rechtliches, sondern allenfalls ein moralisches Argument wäre. Dann allerdings hätte jeder Jude in Deutschland den Anspruch auf persönlichen Schutz in Form eines Bodyguards, der ihn überallhin begleiten würde, zum Einkaufen, zum Arbeitsplatz und auch in eines der öffentlichen Schwimmbäder, in denen Parallelgesellschaften ihre Partys feiern. Ob ein Staat, der nicht in der Lage ist, Autokorsos zu ahnden, so eine Aufgabe stemmen könnte, ist mehr als fraglich.

Man kann gar nicht darüber streiten, ob und wie weit das Jude-Sein in Deutschland mit Risiken und Nebenwirkungen verbunden ist. Es ist so. Aber eben nicht nur für Juden. Auch Frauen und Schwule müssen sich aufgrund geänderter gesellschaftlicher Umstände damit abfinden, dass Vorsicht besser als Nachsicht ist, obwohl alle Statistiken angeblich dafür sprechen, dass das Risiko, beim Fensterputzen ums Leben zu kommen, höher ist als das, bei einem Diskobesuch Opfer einer Gruppenvergewaltigung zu werden.

Seit wir wissen, dass wir die „Bedingungen unseres Zusammenlebens täglich neu aushandeln" müssen, sind Risiken und Nebenwirkungen zu einem zentralen Thema unserer Routine geworden. An welchen Tagen sollte man einen Bogen um den „Kotti" machen? Wie reagiert man auf Annäherungsversuche der Flaneure im Görlitzer Park? Und wie geht man Antänzern, die in Friedrichshain arbeiten, aus dem Weg, ohne in den Verdacht der Fremdenfeindlichkeit zu geraten?

Das sind die wirklich wichtigen Fragen der Gegenwart und nicht die, wer zum Präsidenten bzw. zur Präsidentin der Europäischen Kommission gewählt wird. Wenn schon Weihnachtsmärkte zu Hochsicherheitstrakten ausgebaut werden, dann reicht es nicht, einander „Wir lassen uns nicht einschüchtern!" zuzurufen und immer eine Kippa in der Tasche zu haben, für den Fall, dass man die Grenzen der Willkommenskultur in Kreuzberg oder Neukölln austesten möchte.

Nein, wir sollten die Risiken und Nebenwirkungen annehmen, sie verinnerlichen und als Chance begreifen, über uns selbst hinauszuwachsen. Per aspera ad astra. Dafür müssen aber erst die Voraussetzungen geschaffen werden. Fangen wir mit den einfachsten an.

Zu Beginn einer jeden *Tagesschau*, jeder Ausgabe des *heute journals*, jedes *Berichts aus Berlin* erscheint der Hinweis, dass der Konsum dieses Programms mit Risiken verbunden ist und Nebenwirkungen haben könnte – Gleichgewichtsstörungen, Übelkeit und kurze, aber heftige Anfälle von Verzweiflung. Der gleiche Hinweis, nur in einer größeren Schrift, wird vor jeder Talkshow eingeblendet, jedem *Brennpunkt* und jedem *Wort zum Sonntag*. Spielfilme, Sportübertragungen und Serien wie *Der Bergdoktor* und *Um Himmels Willen* laufen dagegen wie bisher, ohne jede Vorwarnung.

Auch die Parteienwerbung müsste neu formatiert werden. Martin Weber kann bei der nächsten EU-Wahl gerne wieder als Spitzenkandidat antreten, aber nicht mehr mit der Parole „Für Deutschlands Zukunft – Unser Europa", sondern mit der Warnung: „Wenn Sie diesen Mann wählen, könnte er einen Spitzenjob in Brüssel bekommen. Wollen Sie das wirklich?"

Die SPD, so es sie in fünf Jahren noch geben sollte, vielleicht als „Arbeitsgemeinschaften der Sozialdemokraten in der Linken", bräuchte keinen Spitzenkandidaten und keine Spitzenkandidatin mehr; ein Anrufbeantworter mit der Ansage „Wir sind dann mal weg" wäre genug. Keine Risiken, keine Nebenwirkungen, keine Flügelkämpfe, keine Schuldzuweisungen.

Ich weiß, das klingt utopisch. Aber die Utopien von gestern sind die Wirklichkeit von morgen. Natürlich kann man versuchen, Risiken und Nebenwirkungen aus dem Weg zu gehen, man kann ihnen aber auch offensiv begegnen.

Was mich angeht, so will ich meinen Teil dazu beitragen, dass Risiken als Chancen begriffen werden. Ich werde mir gleich eine Kippa aufsetzen, mein neues Porsche-Cabrio aus der Garage holen und damit durch Kreuzberg und Neukölln cruisen. Das wird ein Spaß, vor allem wegen der Nebenwirkungen.

Normen für Streichfette

Gestern abend, kurz vor dem Schlafengehen, habe ich meine Entziehungskur kurz unterbrochen, mir einen Ruck gegeben und die *Tagesthemen* in der Mediathek geschaut. So einen Rückfall leiste ich mir alle paar Tage, das hilft gegen aufkommendes Heimweh. In einem der Beiträge ging es um Ursula von der Leyen, die „gerade im Zeitraffer durch das Parlament hastet und Schau läuft". Bis zur Wahl der „Kommissionsspitze" blieben ihr nur noch wenige Tage, „um das Parlament zu erobern, die Fraktionen zu gewinnen und vor allem sich selbst zu verteidigen", sagt Caren Miosga in der Anmoderation und blickt drein, als habe sie an dieser Pointe lange gefeilt. Eine Ex-Verteidigungsministerin, die nun selbst zum Verteidigungsfall geworden ist. Brillant und doch zugleich so subtil!

Die *Tagesthemen* begleiten die Kandidatin durch das Brüsseler Labyrinth. Über einer schwarzen Hose und einem hellblauen kurzen Blazer trägt UvdL das gleiche zwangsheitere Lächeln, das sie immer dann aufsetzte, wenn sie von einem Truppenbesuch in Afghanistan zurückkam. Dazu formuliert sie Sätze wie diesen: „Ich bin hier im Parlament, im Herzen der europäischen Demokratie, ich selbst bin von Herzen überzeugte Europäerin", „d'cœur un d'conviction". Die siebenfache Mutter mutet sich einiges zu: „Viele Termine, Gesprächsrunden, offizielles Händeschütteln, Zuhören, Fragen beantworten in drei verschiedenen Sprachen", ohne dass sie oder ihre Frisur auch nur Anzeichen von Ermüdung zeigen würden. Sie verspricht „dem Parlament mehr Einfluss", denn bislang, so stellt die *Tagesthemen-*

Reporterin ganz richtig fest, „werden Verordnungen und Richtlinien ausschließlich von der Kommission auf den Weg gebracht und vom Parlament verabschiedet".

Das ist eine sehr freundliche Umschreibung für den Umstand, dass das Parlament kein Initiativrecht hat, also eigentlich kein Parlament, sondern dazu da ist, die Verordnungen und Richtlinien der Kommission abzunicken. Frau von der Leyen kann dem Parlament anbieten, was ihr gerade einfällt, es spielt überhaupt keine Rolle, am Ende wird das Parlament ohnehin das tun, was die Kommission und der Rat wollen. Das EU-Forum wurde weder nach demokratischen Regeln gewählt, noch ist es in der Lage, der Regierung das Misstrauen auszusprechen, weil es keine EU-Regierung gibt (und hoffentlich nie eine geben wird). Dennoch kündigt Frau von der Leyen an, sie werde, „wann immer sich das Parlament mit großer Mehrheit für eine Gesetzesinitiative einsetzt, diesen Vorschlag auf die Tagesordnung der Kommission heben und dort diskutieren lassen". Halten zu Gnaden! Und dann?

Dann wird die Präsidentin eine Runde *Haribo* ausgeben, und die Kommissare werden sagen: „Gut, dass wir darüber gesprochen haben!"

Ich habe nichts gegen Ursula von der Leyen, meinetwegen kann sie sich auch um die Nachfolge von Uli Hoeneß bewerben, ich frage mich nur: Warum tut sie sich so etwas an, was gibt es ihr? Sie kommt doch aus einer guten Familie, hat Ärztin gelernt, ist finanziell unabhängig. Politik, vor allem „Europapolitik", ist doch etwas für Bruchpiloten und Versager wie Niels Annen, Reinhard

Bütikofer oder Ska Keller. Was hat Daniel Cohn-Bendit in den 20 Jahren seiner Zugehörigkeit zum Europaparlament erreicht? Wird man eines Tages über ihn lesen können, er habe sich mit Leidenschaft für die Badegewässerrichtlinie Nr. 2006/7 „über die Qualität von Badegewässern und deren Bewirtschaftung" eingesetzt? Oder hatte er etwas mit der Verordnung Nr. 1234/2007 zu tun, mit der die „Normen für Streichfette" festgelegt wurden, um einen „unfairen Wettbewerb zwischen Butter, Margarine und anderen Fetten zu verhindern und eine Irreführung der Verbraucher zu vermeiden", worauf Tschechien eine Streichbutter mit der Produktbezeichnung „Pomazánkové máslo" nicht mehr exportieren durfte, weil diese eben keine Butter im Sinne der Verordnung war. Kann sich jemand vorstellen, was aus dem Berufseuropäer Elmar Brok geworden wäre, hätte er nicht die Gelegenheit genutzt, 40 Jahre lang einen Sitz im EU-Parlament zu okkupieren? Womit will Ursula von der Leyen in die Annalen der europäischen Geschichte eingehen?

Sie strebe, berichtet Clemens Wergin in der *Welt*, „eine 50-prozentige Frauenquote in ihrer Kommission" an, dafür sollte jedes EU-Land „sowohl einen weiblichen wie auch einen männlichen Kandidaten" für die zu vergebenden Posten nominieren. Außerdem will sie den Klimaschutz voranbringen, Europa müsse „der erste klimaneutrale Kontinent werden".

Clemens Wergin ist ein seriöser Journalist, er käme nie auf die Idee, so etwas zu erfinden. Ich wünschte, ich könnte es. Das mit der 50-Prozent-Frauenquote in der Kommission ist ja ein alter Hut, das einzige Gremium, das von solchen Forderungen bis jetzt verschont wurde, ist das Konklave der Kardinäle zur Wahl des Bischofs von Rom. Aber die Idee, Europa müsse der „erste klimaneutrale Kontinent" werden, ist heiß wie eine Tüte mit fetten belgischen Fritten.

Einer der Witze, die das SED-Regime überlebt haben, war die Frage nach den vier Hauptfeinden der sozialistischen Planwirtschaft. Die Antwort lautete: Frühjahr, Sommer, Herbst und Winter. Vermutlich sind das auch die Hauptfeinde der europäischen Integration. Die klimatischen Unterschiede zwischen Lampedusa im Süden und Langeland im Norden sind so gewaltig, dass sie jede politische und wirtschaftliche Homogenisierung verunmöglichen. Wie schön und wie praktisch wäre es, wenn Europa klimaneutral würde, wenn überall das ganze Jahr über die gleichen klimatischen Bedingungen herrschten, wie auf den ABC-Inseln unter dem Winde, im Süden der Karibik. Sobald sich die EU auf eine gemeinsame Sommerzeit geeinigt hat, wird sie das Projekt „gleiches Klima für alle" auf den Weg bringen.

Der erste klimaneutrale Kontinent der Welt und in der Geschichte der Menschheit! Die Fortsetzung der Schöpfung unter den Bedingungen der Klimagerechtigkeit. Halleluja!

Menschenfischer

Der Ratsvorsitzende der Evangelischen Kirche in Deutschland (EKD), Heinrich Bedford-Strohm, hat der *Frankfurter Allgemeinen Zeitung* (FAZ) ein Interview gegeben, in dem er eine „großzügigere Aufnahme von Flüchtlingen" fordert, die im Mittelmeer aus Seenot gerettet werden. Man müsse „in der EU einen Verteilungsmechanismus finden, damit man nicht bei jedem Boot neu nach einem Hafen suchen muss", die Flüchtlinge sollten in Europa „ganz normale Asylverfahren" durchlaufen.

Die Forderung nach einer großzügigen, gerechten oder „gerechteren" Verteilung der Flüchtlinge ist nicht ganz neu. Darüber wird seit Jahren in der EU verhandelt. Eine Regelung scheitert nicht nur daran, dass sich einige EU-Staaten weigern, Flüchtlinge aufzunehmen; sie kommt auch deswegen nicht zustande, weil die Flüchtlinge, die eigentlich Migranten sind, nicht „gerecht verteilt", sondern in die Länder ihrer Wahl reisen wollen, an erster Stelle Deutschland und Österreich. Ich denke nicht, dass es allzu viele Flüchtlinge gibt, die den Wunsch geäußert haben, in Polen oder in Bulgarien ein neues Leben anfangen zu können. Das sollte der Ratsvorsitzende der Evangelischen Kirche in Deutschland eigentlich wissen, selbst dann, wenn er nur das *Sonntagsblatt*, die Evangelische Wochenzeitung für Bayern lesen würde.

Nachdem der Deutsche Evangelische Kirchentag in einer Resolution ein kircheneigenes Schiff zur Rettung der Flüchtlinge gefordert hatte, bezog Bedford-Strohm auch zu diesem Punkt Stellung. Es wäre nicht sinnvoll, sagte er, „als EKD ein eigenes Schiff zu kaufen". Die Kirche sei „weder eine Reederei noch eine Rettungs-NGO". Sie strebe ein „breites gesellschaftliches Bündnis an", das „gemeinsam" ein Schiff anschaffen soll, finanziert durch Spenden.

71

Bedford sprach im bewährten Einerseits-Andererseits-Modus, der auch Angela Merkel eigen ist. „Man muss retten, wenn Menschen in Lebensgefahr sind. Man würde ja auch einen Autofahrer nicht verbluten lassen, der sich aus Leichtsinn nicht angeschnallt hat und an den Baum gefahren ist. Die Rettung entbindet aber nicht von der Pflicht, darüber nachzudenken, wie man verhindern kann, dass Menschen auf die falschen Versprechungen der Schlepper hereinfallen."

Ein Satzbau wie der Turmbau zu Babel, verschachtelt, verschwurbelt, vergeistigt, so redet einer, der sich nicht festlegen möchte. Das Beispiel mit dem Autofahrer, der sich aus Leichtsinn nicht angeschnallt hat, ist so daneben wie der folgende Gedanke, die Rettung entbinde nicht von der Pflicht, darüber nachzudenken, wie man verhindern kann, dass Menschen auf die falschen Versprechungen der Schlepper hereinfallen. Nicht, dass etwas gegen die Schlepper unternommen werden sollte, es reicht, darüber nachzudenken, wie man verhindern kann, dass die Menschen falschen Versprechungen Glauben schenken. (In diesem Zusammenhang könnte man auch darüber nachdenken, wie verhindert werden kann, dass die Menschen auf das falsche Versprechen der Kirche hereinfallen, es gäbe ein Leben nach dem Tode; oder auf die Versprechen der Klima-Aktivisten, es wäre möglich, dem Klima vorzuschreiben, wie es sich verhalten soll. Die Schlepper sind ja nicht die Einzigen, die von der Gutgläubigkeit der Menschen profitieren.)

Natürlich ist die EKD „weder eine Reederei noch eine Rettungs-NGO", sie ist aber auch keine Event-Agentur.

Dennoch veranstaltet sie alle zwei Jahre einen Kirchentag, eine Megaparty, die alles in den Schatten stellt, was sonst so an Massenveranstaltungen angeboten wird, von den Oberammergauer Passionsspielen bis zum *Open Air Heavy Metal Fest* in Wacken. In Jahr 2019 fand der Kirchentag in Dortmund statt, er dauerte fünf Tage und versetzte Stadt und Medien in einen Rauschzustand. 600 Seiten Programm! Über 2.000 Veranstaltungen! Unter den Referenten Bundespräsident Frank-Walter Steinmeier, Joachim Gauck, Christian Wulff und Horst Köhler. „Zum ersten Mal sind alle lebenden ehemaligen und der amtierende Bundespräsident auf einem Kirchentag", freute sich Kirchentags-Präsident Hans Leyendecker. Der thematische Regenbogen war ebenfalls weit gespannt. Von der „Vielfalt der Religionen in Deutschland" bis zu der Vielfalt der weiblichen Genitalien, die in dem Workshop „Vulven malen" abgehandelt wurde. Wozu der Kirchentag über Twitter ein Gif-Bild verbreitete, „das verschiedene Darstellungen des weiblichen Geschlechtsteils" in zuckenden Bewegungen zeigte. Auf Anfragen irritierter Teilnehmer erklärte die Kirchentagsleitung, es gehe darum, „sich kreativ mit der eigenen Körperlichkeit auseinanderzusetzen" und in „ungezwungener Atmosphäre in Austausch über das weibliche äußere Genital, die Vulva, zu treten". Dies stehe „in direktem Zusammenhang mit der lebensbejahenden Botschaft des Schöpfungsberichtes im Buch Genesis".

Davon abgesehen muss man anerkennen, dass der Kirchentag eine logistische Meisterleistung war. Anders als beim Oktoberfest oder am Rosenmontag in Köln gab es keine Besoffenen, keine Prügeleien und keine Vergewaltigungen. Eine Organisation, die so etwas fertigbringt, soll nicht in der Lage sein, ein Schiff zu kaufen oder zu chartern, um Flüchtlinge vor dem Ertrinken zu retten? Das kann doch nicht wahr sein!

Und ein finanzielles Problem kann es auch nicht sein. Die EKD ist die Dachorganisation der 20 autonomen Landeskirchen in Deutschland, die auf eigene Rechnung wirtschaften. Sie hat kein Budget wie die Bundesregierung. Allerdings sei das „Finanzvolumen der evangelischen Kirchen", so hieß es in einem Bericht der Deutschen Welle, „gewaltig", etwa 10 Milliarden Euro jährlich. (Nur zum Vergleich: Das „Aufkommen der Rundfunkanstalten aus dem Rundfunkbeitrag" lag im Jahre 2018 bei 7,8 Milliarden Euro, also deutlich unter dem „Finanzvolumen der evangelischen Kirchen".) Diese 10 Milliarden Euro setzen sich zur Hälfte aus Einnahmen durch Kirchensteuern und Gemeindebeiträgen zusammen. Die andere Hälfte waren Gebühren für soziale Einrichtungen, Fördermittel, Spenden und Staatsleistungen.

Die Staatsleistungen wiederum sind Zahlungen der Bundesländer an die evangelische und die katholische Kirche als Entschädigung für enteigneten Besitz im 19. Jahrhundert, es geht um etwa 480 Millionen Euro jährlich. (Das ist immerhin weniger als die 630 Millionen Euro, welche die Bundesrepublik allein im Jahre 2017 als Entwicklungshilfe an China überwiesen hat.) Davon entfallen auf die evangelische Kirche 250 bis 280 Millionen Euro, also etwas mehr als die Hälfte. Bei einem Finanzvolumen von etwa 10 Milliarden Euro wären das 2,5 bis 2,8 Prozent, also Peanuts. Aber: Für große wie für kleine landwirtschaftliche Betriebe gilt dieselbe Bauernregel – Kleinvieh macht auch Mist.

Warum also meint Bischof Bedford-Strohm, es wäre „nicht sinnvoll", wenn die evangelische Kirche ein „eigenes Schiff" kaufen und losschicken würde? Weil er seinen moralischen Hochsitz nicht verlassen möchte. Er weiß, dass es in der Flüchtlingsfrage nicht darum geht, das Richtige zu tun, sondern Recht zu behalten. Wer etwas unternimmt, macht auch Fehler, biegt vielleicht unterwegs irgendwohin ab, wo er gar nicht hin möchte. Wer nur dazu aufruft, dass etwas getan werden müsste, geht kein Risiko ein. Folgt man seinem Rat, wird er die „Credits" für sich reklamieren, schlägt man ihn aus, wird er später sagen: Ihr hättet besser auf mich gehört. (Mir ist klar, dass dies auch für mich gilt, ich bin auch nur ein Wegweiser, der anderen zeigt, wo's langgeht. Allerdings bekleide ich kein öffentliches Amt, lebe nicht von der öffentlichen Hand und arbeite nicht für einen „gemeinnützigen" Verein oder eine von der Regierung subventionierte NGO.)

Man kann über die deutsche Kapitänin Carola Rackete geteilter Meinung sein. Man kann sagen, sie hat Menschen das Leben gerettet, und wir wissen ja, wer nur ein Menschenleben rettet ... Man kann auch sagen, sie hat geltende Gesetze missachtet, worauf man erwidern könnte, es habe sich um einen Fall von übergesetzlichem Notstand gehandelt. Man könnte auch so weit gehen zu behaupten, dass viele Gesetze vor allem deswegen geändert und der Zeit angepasst wurden, weil es Menschen gab, die gegen diese Gesetze verstoßen und ihr gesetzwidriges Verhalten öffentlich gemacht haben. Immerhin feiern wir heute „Helden", die im Dritten Reich und in der DDR schwere „Verbrechen" begangen, z.B. Juden versteckt oder Fluchthilfe geleistet haben. Andere Zeiten, andere Gesetze.

Ich bin mir nur nicht sicher, ob man diese heroischen Maßstäbe auf die Fluchthelfer von heute anlegen kann.

Carola Rackete ist eine Überzeugungstäterin, allein ihrem Gewissen verpflichtet. Die Bürgermeister der 13 Kommunen, die sich zu einem Bündnis „Städte sicherer Häfen" zusammengeschlossen haben, sind dagegen nur Politiker, die mehr versprechen, als sie halten können, Mundvollnehmer und Selbstüberhöher.

Der damalige parteilose Rostocker OB Methling sagte in einem Interview mit der *Welt*, „das Wegschauen" müsse „ein Ende haben", deswegen habe die neu gewählte Bürgerschaft, das Parlament der Stadt, „als erste deutsche Großstadt" und „mit überwältigender Mehrheit beschlossen, 20 aus dem Mittelmeer gerettete Flüchtlinge aufzunehmen".

Nun, ob Rostock an der Warnow mit etwa 210.000 Einwohnern eine Großstadt ist oder nur eine größere Stadt, das ist eine Frage des Standpunkts und der Definition. Es ist in jedem Fall eine schöne und geschichtsträchtige Stadt, vielleicht auch die Stadt, in der jeder zweite Äthiopier und jeder dritte Somalier leben möchte, trotz der unschönen Ereignisse im August 1992, über die sich jeder informieren kann, der bei Google die Begriffe „Pogrom" und „Rostock" eingibt.

Aber das ist Geschichte. Gegenwart ist, dass im Jahre 2018 nur 3.278 Menschen in Mecklenburg-Vorpommern Asyl beantragt haben, eine überschaubare Zahl. Da soll es, in der Tat, auf 20 mehr oder weniger nicht ankommen.

Allerdings, es ist nicht die Zahl, um die es geht. Angesichts des Versagens der deutschen und europäischen Politik in der Flüchtlingsfrage wollte der Rostocker Oberbürgermeister „80 Millionen Menschen in Deutschland für dieses Thema sensibilisieren".

Offenbar ging er davon aus, dass diese 80 Millionen im Tal der Ahnungslosen leben und in den letzten Jahren nicht mitbekommen haben, was in Deutschland los ist, von der vergeigten Fußball-WM 2018 mal abgesehen. Die konkrete Frage der Interviewerin, wie viele Migranten Rostock „maximal aufnehmen" könnte, wies der OB als „eine rein theoretische Frage" zurück. Und belehrte die Fragestellerin: „Denken Sie einfach über 70 Jahre zurück an das Ende des Zweiten Weltkrieges. Damals wuchsen Städte mit 5.000 Einwohnern quasi über Nacht zu Städten mit 10.000 Einwohnern. Auch hier in Mecklenburg-Vorpommern. Wir können jederzeit auch 1.000, 2.000, 10.000 oder 20.000 Flüchtlinge in Rostock aufnehmen. Das kann jede deutsche Stadt." Im Einzelfall könnte das „natürlich Einschnitte und Einschränkungen" bedeuten, z.B. dass „eine Straße etwas später saniert oder eine Schule später gebaut wird", aber machbar wäre es.

Die Ausgaben des Bundes für Entwicklungshilfe müssten sich „innerhalb kürzester Zeit verzehnfachen", von 0,7 Prozent des Bruttosozialproduktes auf „fünf oder acht Prozent". Zugleich sollten „auch die Kommunen mehr in die Verantwortung genommen werden". Dafür müsste die Bundesregierung nur „beschließen, dass aus den Haushalten der Gemeinden und Länder fünf bis zehn Prozent für Entwicklungshilfe eingesetzt werden müssen". Das dürfte vor allem Kommunen freuen, die in Schulden schwimmen, vornehmlich dann, wenn sie erfahren, dass sie mit ihrem Geld „ein Schulprojekt in Uganda oder ein Flüchtlingslager in Libyen unterstützen", derweil daheim in Hückeswagen oder Dinslaken „eine Straße etwas später saniert oder eine Schule später gebaut wird".

Ja, das ist praktizierte Fremdenliebe auf Rostocker Art. Und wenn die Leute dann die AfD wählen, kommt Heinrich Bedford-Strohm in die Stadt und fordert die Bürgerinnen und Bürger auf, „gegen Rechts" zu demonstrieren.

Kuscheltierspenden

Es gibt in Deutschland nichts, das man auch nur ansatzweise mit dem *Pantheon* in Paris vergleichen könnte. Weder die Paulskirche noch die Frauenkirche, weder das Kyffhäuserdenkmal in Thüringen noch das Hermannsdenkmal im Teutoburger Wald. Nicht einmal die Walhalla im Donautal bei Regensburg, die 1842 nach elfjähriger Bauzeit eröffnet wurde, zur Ehre bedeutender Persönlichkeiten „teutscher Zunge", unter ihnen Goethe, Luther, Dürer und Gutenberg. 130 Büsten und 65 Gedenktafeln erinnern heute an Personen, Taten und Gruppen wie die Goten und die Vandalen, die Bedeutendes geleistet haben. Kleiner

Schönheitsfehler: Frauen sind mit nur 12 Vertreterinnen ihres Geschlechts massiv unterrepräsentiert. Die Walhalla gehört dem Freistaat Bayern, über Neuaufnahmen entscheidet die Bayerische Staatsregierung.

Ich vermute, nur wenige Deutsche wären positiv angetan, wenn sie aus der *Tagesschau* erfahren würden, dass die Walhalla von einer größeren Anzahl junger, aus Afrika geflüchteter Männer besetzt wurde, die ihre Unzufriedenheit über die ihnen zugemuteten Lebensbedingungen zum Ausdruck bringen wollten. Genau so etwas ist in Paris passiert.

„Hunderte Migranten haben am Freitag das Pariser Pantheon besetzt. Sie verlangten eine Aufenthaltserlaubnis für Frankreich, angemessene Unterkünfte und ein Treffen mit Premierminister Édouard Philippe", meldeten teutsche Medien am zweiten Juli-Freitag. Die Gruppe verurteilte, „dass Tausende Wohnungen in Paris leer stünden, während sie selbst in Zelten an der Autobahn schlafen müssten". Dennoch sei der Protest „friedlich verlaufen" hieß es, allein die bewegten Bilder, die auf verschiedenen Seiten im Netz zu sehen waren, zeugten eher vom Gegenteil. Erst wurden die Polizisten, die vor dem Gebäude Wache standen, von den Demonstranten überrannt, dann schlugen die Staatsschützer zurück, und zwar so, wie es in Frankreich üblich ist, mit aller Gewalt.

Die Berichte waren durchaus ausgewogen, es wurde dem Zuschauer überlassen, ob er sich mit den Demonstranten oder den Polizisten solidarisieren wollte. Nachdem ich vor kurzem ein Flüchtlingslager an der Pariser Metro-Station *Stalingrad* im Vorbeifahren gesehen hatte, fand ich die Forderungen der Demonstranten mehr als verständlich. Touristen bekommen sonst nur die Sonnenseite der Stadt zu sehen.

Nur ein Detail der Berichterstattung machte mich stutzig. Genau genommen etwas, worauf in den Berichten nicht Bezug genommen wurde. Wie waren die – je nach Quelle 300 bis 700 jungen Männer – auf die Idee gekommen, das *Pantheon* zu besetzen? Wussten sie, dass die Ruhmeshalle der französischen Nation der Ort ist, an dem die großen Geister weiterleben? Hatten sie *Les Miserables* von Victor Hugo oder *J'accuse!* von Emil Zola gelesen? Voltaires kirchenkritische Schriften oder wenigstens Alexandre Dumas' *Geschichten von den drei Musketieren*?

Ich denke, das war wohl nicht der Fall. Irgendjemand muss diese Aktion geplant und orchestriert haben. Das ist keine Verschwörungstheorie, es ist eine Frage der Logik und Logistik.

Es war ja schließlich kein Flash Mob, der sich da vor dem *Pantheon* versammelt hatte. Das *Pantheon* zu besetzen war eine ebenso bewusste Entscheidung wie die, das WTC am 11. September 2001 dem Erdboden gleichzumachen. Im Ergebnis nicht vergleichbar – insofern kann man tatsächlich sagen, der Protest sei „friedlich verlaufen" – aber mit der gleichen Motivation ausgeführt – das System maximal zu kränken, es als „unmenschlich" zu demaskieren. Der Sturm auf das *Pantheon* war sogar noch eine Spur überzeugender, weil es, von ein paar Verletzten abgesehen, keine Todesopfer gab. Nur Not leidende Menschen, die von der Polizei gejagt und verprügelt wurden.

Und es war nicht die erste Aktion dieser Art, bei der die „Geflüchteten" von ihren Betreuern missbraucht wurden. Der „Marsch der Verzweifelten", die Anfang September 2015 vom Budapester Bahnhof in Richtung österreichischer Grenze aufbrachen, war nicht ganz so spontan, wie er dargestellt wurde. Die mitlaufenden „Zugbegleiter", gut erkennbar an ihren Warnwesten und den Handlautsprechern, brachten keinen Investigativ-Reporter auf den Gedanken, einmal nachzufragen, in wessen Auftrag sie für Disziplin und auch dafür sorgten, dass alle Fotografen und Kameramänner die Bilder bekamen, die sie haben wollten. Von Kindern, alten und gebrechlichen Menschen in Rollstühlen, auf der Suche nach einem Land, das sie aufnehmen würde. Und das konnte nur das bunte und weltoffene Deutschland sein.

Diese Methode kam noch öfter zum Einsatz. Mitte März 2016 berichtete die SZ vom „Exodus Hunderter Migranten aus Griechenland nach Mazedonien", der „nach Ansicht der Regierung in Athen durch die Verteilung eines Flugblatts in arabischer Sprache ausgelöst" wurde. In diesem Flyer, dessen Verfasser bis heute unbekannt geblieben sind, wurde den Flüchtlingen in Worten und mit Hilfe einer Kartenskizze erklärt, wie sie die Grenze zwischen Griechenland und Mazedonien überwinden könnten. Deren Bereitschaft, sich auf das Abenteuer einzulassen, wurde durch die Warnung gesteigert, es wäre möglich, „dass das Lager von Idomeni in den kommenden Tagen evakuiert", die Flüchtlinge „in andere Lager gebracht und danach in die Türkei ausgewiesen" würden.

Die Grenze zwischen Griechenland und Mazedonien bildet ein zwar flacher, dafür aber heftig dahinströmender Fluss, den nur überqueren kann, wer jung, kräftig und gesund ist. Deswegen hatte irgendjemand ein Seil von einem Ufer zum anderen gespannt, an dem sich die Flüchtenden entlang hangelten. Mütter mit Kindern im Arm, Behinderte, ältere Menschen. Am mazedonischen Ufer angekommen, fielen sie vor Erschöpfung um oder weinend einander in die Arme. Sie waren auf dem Weg nach Deutschland einen Schritt weitergekommen.

Oder dachten sie, dass sie bereits in Deutschland waren? Leider wurden sie von der mazedonischen Polizei bereits erwartet, eingesammelt und mit Lastwagen nach Griechenland zurückgebracht. Die Strapazen waren vergeblich, aber nicht umsonst. Die Bilder von der Flussüberquerung, die einige mit ihrem Leben bezahlten, gingen um die Welt. Zurück im Lager von Idomeni waren sie wieder der Willkür ihrer „Retter" ausgeliefert. Eine Spanierin, die in Idomeni Suppe kochte, schwärmte gegenüber der SZ: „Diese Menschen hier geben mir so viel Energie", derweil die Kinder zwar nicht wüssten, „wo sie trocken schlafen sollen, sich aber kaum vor Kuscheltierspenden retten" können.

Das also ist die „Willkommenskultur", deren Spur sich von Idomeni in Griechenland bis vor das *Pantheon* in Paris zieht. Ein Europa ohne Grenzen, ein Kontinent der Heuchelei, ein Friedhof der Kuscheltiere, der von Guttätern bewirtschaftet wird, denen das Wohlergehen der Flüchtlinge nur ein Mittel der Selbstverwirklichung ist.

Carola Rackete hat bereits die „Aufnahme aller Flüchtlinge" gefordert, „die in den Händen von Schleppern sind oder in libyschen Flüchtlingslagern", etwa eine halbe Million Menschen, die „Klima-Flüchtlinge" nicht mitgerechnet, die aufzunehmen Europa ebenfalls verpflichtet sei. Und während die *Sea-Watch 3* im Hafen von Lampedusa darauf wartet, wieder in See stechen zu dürfen, wird es in der Gemeinde Preetz im Kreis Plön in Schleswig-Holstein, der Heimat von Carola Rackete, langsam Nacht. Im *Highway 76*, der besten Disco weit und breit, tritt das Schweizer Schlagertrio *Calimeros* auf und singt ein Lied für Carola: „Frau Kapitän, Frau Kapitän, ganz in Weiß sind Sie so schön, Frau Kapitän, Frau Kapitän, ich bleib an Bord, wohin die Fahrt auch geht, am liebsten um die ganze Welt ..."

Absolute Notwendigkeit

Die 23 Jahre alte Geografie-Studentin und Klimaschutz-Aktivistin Luisa Neubauer ist, so kann man es derzeit überall lesen, „das deutsche Gesicht" der von Greta Thunberg initiierten *Fridays-for-Future*-Bewegung. Sie engagiert sich auch „für Generationengerechtigkeit" und gegen „weltweite Armut". (In der „Hall of Fame" derjenigen, die das deutsche Gesicht oder die deutsche Version von irgendjemand oder irgendetwas sind, wird langsam der Platz knapp. Harald Juhnke war der deutsche Frank Sinatra, Peter Kraus ist der deutsche Elvis Presley und Maxim Biller behauptet von sich, er sei der deutsche Philip Roth.)

In einer Diskussion mit einem Hamburger FDP-Politiker sagte Luisa Neubauer vor Kurzem, im Kampf für einen besseren Klimaschutz halte sie „ein Verbot von innerdeutschen Flügen für denkbar", Voraussetzung dafür sei allerdings „der Ausbau der Deutschen Bahn".

Sie selbst würde hin und wieder das Flugzeug als Fortbewegungsmittel nutzen und sich dafür nicht schämen. „Wenn ich fliege, dann mache ich das aus einer absoluten Notwendigkeit heraus – und dann hilft es mir gar nichts, mich dann schlecht zu fühlen dafür."

Das ist ein Satz, den wir uns merken sollten, zeigt er uns doch „das deutsche Gemüt" einer Bewegung, die sich nichts weniger vorgenommen hat, als die Welt vor dem Untergang zu retten. Dass Deutschland nur für etwa zwei Prozent der globalen CO_2-Emissionen verantwortlich ist, spielt dabei keine Rolle. Würden alle Deutschen – also die Personen, die in Deutschland leben – aufhören, sich zu bewegen, zu atmen, zu konsumieren und zu produzieren oder würde sich Deutschland durch ein Wunder in Nichts auflösen, wäre die deutsche Frage vielleicht endgültig gelöst, das Weltklima bliebe jedoch davon vollkommen unbeeindruckt. Aber sowohl Katrin Göring-Eckardt wie Norbert Röttgen halten daran fest: das Klima ist „die Menschheitsfrage unserer Zeit". Und Luisa Neubauer variiert nur einen Gemeinplatz, der spätestens seit der „Hunnenrede" von Kaiser Wilhelm II anlässlich der Verabschiedung des deutschen Ostasiatischen Expeditionskorps nach China im Jahre 1900 zum Standard-Programm des deutschen Größenwahns gehört. Galt es damals, die Chinesen Mores zu lehren, geht es heute darum, das Klima in die vorindustriellen Grenzen zu weisen.

Luisa Neubauer kann und muss natürlich nicht wissen, von welchem Sockel herab sie ihre Kampfparolen verkündet. Sie ist 23 und studiert Geografie. Wäre ich in diesem Alter gefragt worden, ob ich „ein Verbot von innerdeutschen Flügen für denkbar" halte, hätte ich wahrscheinlich geantwortet, das sei eine Frage des Klassenstandpunkts. Der Preis für ein Flugticket müsste in Relation zum Einkommen des Reisenden stehen, was ich übrigens noch heute für eine gute Idee halten würde.

Luisa Neubauers Bekenntnis – „Wenn ich fliege, dann mache ich das aus einer absoluten Notwendigkeit heraus – und dann hilft es mir gar nichts, mich dann schlecht zu fühlen dafür" – ist kein Ausdruck ihres Klassenstandpunkts als Angehörige einer dünnen, aber den Ton angebenden Elite, deren Angehörige für sich das in Anspruch nehmen, was sie anderen vermiesen und verbieten wollen. Das war bei Eliten immer der Fall. Die Mitarbeiter des Bundesumweltministeriums, das sowohl in Berlin wie in Bonn vertreten ist, sind in den ersten sechs Monaten dieses Jahres 1.750 mal zwischen den beiden Städten hin- und hergeflogen, „dienstlich", als wären Telefon und Internet noch nicht erfunden.

Luisa Neubauer kann nichts dafür, dass sie in eine gutbürgerliche Familie hineingeboren wurde, die ihr viele Reisen zu fernen Destinationen ermöglicht hat, bevor sie sich dem Klimaschutz zuwandte. Sie kann auch nichts dafür, dass ihr ein „Deutschlandstipendium" und ein Stipendium der Heinrich-Böll-Stiftung zuerkannt wurde. Schaut man sich allerdings die lange Liste ihrer Nebentätigkeiten an – als Jugendbotschafterin der entwicklungspolitischen Lobby- und Kampagnen-Organisation ONE, als Jugenddelegierte der Deutschen Gesellschaft für die Vereinten Nationen beim Weltklimagipfel in Kattowitz, als eine von vier deutschen Delegierten am Weltjugendgipfel in Kanada, als Gastautorin für verschiedene Online-Magazine, als Rednerin bei grünen Events, als kritische Teilnehmerin an Aktionärsversammlungen – dann muss man sich schon fragen, wie sie das alles mit ihrem Studium unter einen Hut bringt. Und man bekommt zugleich eine Ahnung, was sie meint, wenn sie sagt, sie würde nur „aus einer absoluten Notwendigkeit heraus" einen Flug buchen, nämlich um Termine wahrnehmen zu können, bei denen „Grundsatzdebatten" über das geführt werden, „was wir uns unter Klimaschutz vorstellen". Ihre Anwesenheit bei solchen Zusammenrottungen ist eben eine „absolute Notwendigkeit", zumal Sibiu, das frühere Hermannstadt in Rumänien, wo sich die Staats- und Regierungschefs der EU-Staaten zu einem informellen Gipfel mit Luisa Neubauer trafen, in der Tat mit erdgebundenen Verkehrsmitteln schwer zu erreichen ist.

An dieser Stelle wollen wir an den ehemaligen Limburger Bischof Hans-Peter Tebartz van Elst erinnern, der im Hochsommer des Jahres 2012 nach Indien geflogen ist, um dort „soziale Projekte" der Kirche in den Armenvierteln zu besuchen. Er entschied sich nicht nur für ein Flugzeug, er buchte sogar einen Sitz in der ersten Klasse, was er später wider besseres Wissen bestritt – er sei nur Business geflogen und habe den Flug mit Bonusmeilen bezahlt.

Außerdem gab der Geistliche zu bedenken, wie schlecht es ausgesehen hätte, wenn er „angesichts derer, die sich so auf den Besuch gefreut haben", die er „vier Jahre vertrösten musste", eingeschlafen wäre, weil er „übermüdet" war. „Das hätte keine Freude gefunden!" So betrachtet war es eine absolute Notwendigkeit, den Flug in der First Class zu absolvieren.

Luisa Neubauer ist mehr als nur das deutsche Gesicht der *Fridays-for-Future*-Bewegung. Sie ist das Gesicht einer verblödeten Generation, die fest davon überzeugt ist, dass vor ihr alle versagt haben und dass nach ihr die Sintflut kommt, wenn es ihr nicht gelingt, das klimapolitische Ruder in der letzten Minute herumzureißen.

Kinder, die „Wir sind hier, wir sind laut, weil ihr uns die Zukunft klaut" schreien, sind die gerechte Strafe Gottes für Eltern, die nur fair gehandelten Kaffee trinken, mit dem Lastenrad zu IKEA fahren, für *Green Peace* spenden und immerzu daran denken, „dass wir uns die Erde von unseren Kindern nur geborgt" haben.

Aber diese Generation ist nicht harmlos, wie es die Flower-Power-Kinder waren, die sich bei Sex, Drugs & Rock'n'Roll selbstverwirklichen wollten. Sie will vor allem eines: Rache nehmen an ihren Eltern, sie weiß nur nicht recht, wofür. Das „Klima" ist eine Chiffre für die eigene Ohnmacht angesichts eines Lebens, das ihnen mehr abverlangen könnte, als sie zu leisten bereit sind.

Sie wissen oder ahnen es, dass sie eines Tages für sich selbst werden sorgen müssen, und diese Vorstellung ist es, die sie mit Angst erfüllt, nicht der Klimawandel. Je eher sie scheitern, desto mehr Enttäuschungen bleiben ihnen erspart. Ja, ich kann die 10- bis 15-jährigen verstehen, die einen Schulbesuch für sinnlos halten, weil sie denken, dass sie „die Zukunft" nicht mehr erleben werden. Wozu noch lernen, wenn die Welt bald untergeht? Wozu arbeiten, Briefmarken sammeln oder auf ein eigenes Boot sparen? The end is at hand.

Vor etwa sechs Jahren sorgte ein Musikwissenschaftler an der Grazer Uni für grenzüberschreitendes Aufsehen, als er auf der Homepage der Hochschule seine Gedanken zum Klimawandel publik machte. Wenn nichts unternommen werde, würden Millionen von Menschen ihr Leben verlieren. Weswegen es „prinzipiell in Ordnung ist, jemanden umzubringen, um eine Million andere Menschen zu retten". Wer den Klimawandel leugne, sollte zum Tode verurteilt werden. Angesichts „dienstrechtlicher Konsequenzen" zog es der Fachmann für die Psychologie des Musizierens vor, sich zu entschuldigen. Er bedauerte, ebenfalls auf der Homepage der Uni, dass er „falsche Behauptungen aufgestellt und völlig unangemessene Vergleiche gezogen" habe. Außerdem sei er seit vielen Jahren Mitglied von *Amnesty International* und unterstütze deren Ziele. Damit war die Causa vom Tisch und der Prof. wieder rehabilitiert.

Die „absolute Notwendigkeit", mit der Luisa Neubauer begründet, warum sie etwas tun muss, was sie anderen verbieten will, ist ein Freifahrtschein in die Öko-Diktatur.

Deren Konturen zeichnen sich bereits am Horizont ab. Der Diesel ist unser Unglück, das Auto die Pest des 21. Jahrhunderts. Um uns von diesen Übeln zu befreien, muss ein übergesetzlicher Notstand konstruiert werden. Die Ambulanz, die Feuerwehr und die Polizei dürfen ja auch bei Rot über die Kreuzung fahren.

Messweinersatz

Erinnern Sie sich noch an das *Krombacher* Regenwald-Projekt und die dazugehörigen Werbespots mit Günther Jauch? Der nach Thomas Gottschalk beliebteste Moderator und Quizmaster der Bundesrepublik kurvte mit einem Einkaufswagen durch einen Getränkemarkt, lud vier Kasten Bier auf und sagte dabei in die Kamera: „Für jeden verkauften Kasten Krombacher fließt eine Spende in die Regenwald-Stiftung des WWF, um einen Quadratmeter Regenwald in Afrika nachhaltig zu schützen." In einem anderen Spot tanzte Jauch mit einem aufgespannten Regenschirm in der Hand auf einer „Krombacher Regenwald-Party", sagte denselben Satz, hielt eine Flasche *Krombacher* in die Kamera und machte eine neckische Bemerkung: „Da zählt natürlich jeder Tropfen."

Die „Saufen-für-den-Regenwald"-Kampagne brachte der *Krombacher* Brauerei allein im ersten Jahr ihrer Verbreitung ein Umsatzplus von über acht Prozent. Eine von zwei Konkurrenten erwirkte Einstweilige Verfügung war nur von kurzer Dauer. Immerhin stellte das Landgericht Siegen fest, die von Jauch präsentierten Werbespots schränk-

ten die „Entscheidungsfreiheit" des Verbrauchers unzuläs-
sig ein, weil sie ihn vor die Entscheidung stellten, entweder
„Krombacher zu kaufen oder den Schutz des Regenwalds
zu verweigern". Dies käme einem unerlaubten „moralischen Kaufzwang" gleich. Außerdem monierten die Rich-
ter die „fehlende Transparenz" der Werbung, es bliebe
dem Verbraucher verborgen, „ob und in welcher Weise die
Brauerei einen Beitrag zum Umweltschutz leistet".

Das wiederum holte die *Zeit* einige Jahre später nach.
Pro Kasten Bier mit je 20 Flaschen bekam die Regenwald-
Stiftung des *World Wide Fund for Nature* vier Eurocent,
insgesamt vier Millionen Euro. Wenn mit jeder verkauften
Kiste ein Quadratmeter Regenwald „geschützt" wurde,
was immer das konkret bedeuten mag, käme man auf 100
Millionen Quadratmeter Regenwald. Klingt nach viel, es
sind aber nur 100 Quadratkilometer, also grade mal ein
Areal von zehn mal zehn Kilometern. Allein die hessische
Metropole Wiesbaden ist mit 204 Quadratkilometern Flä-
che doppelt so groß. Bezogen auf den „Regenwald in Afrika"
sind 100 Quadratkilometer weniger als ein Tropfen in
einem 200-Liter-Fass.

Die Regenwald-Fans müssten schon jeden Tag mehrmals ein Bad in einer mit *Krombacher* gefüllten Wanne
nehmen, wollten sie wirklich einen nachhaltigen Beitrag
zum Schutz des Regenwaldes in Afrika leisten. Für Unternehmen, die ihre „Corporate Social Responsibility" demonstrieren wollen, ist „der Regenwald" ein Garten Eden,
Lebensraum indigener Stämme, die mit der Zivilisation
noch nicht in Berührung gekommen sind, wilder Tiere

und seltener Pflanzen, also so etwas wie der Hambacher Forst, nur größer und gefährlicher.

Wer da werbetechnisch mithalten will, muss sich schon etwas einfallen lassen. Bei *Warsteiner* hat man lange überlegt, wie man den Erfolg von *Krombacher* toppen könnte. Es sollte etwas noch nie Dagewesenes, aber zugleich doch Schlichtes sein. Die vom Aussterben bedrohten Schildkröten in der Karibik waren bereits vergeben, ebenso das Spitzmaulnashorn in Ostafrika und der Sumatra-Tiger.

Aber irgendwo müsste es noch etwas geben, entweder eine bedrohte Spezies oder wenigstens ein Tabu, gegen das man ein Zeichen setzen könnte. Und tatsächlich, man fand eines, direkt vor der Haustür.

Warsteiner sponsert jedes Jahr das *Paarookaville Electronic Music Festival* bei Weeze am Niederrhein. Es dauert drei Tage, lockt mehr als 200.000 Besucher an und ist damit eines der größten Open-Air-Events in Deutschland. *Parookaville* ist ein Phantasie-Name, den sich die Veranstalter für ein „Dorf" ausgedacht haben, das jedes Jahr auf dem Gelände des ehemaligen Militärflughafens der Royal Air Force aufgebaut wird, mit einem Marktplatz, einem Postamt, einem Rathaus, einem Gefängnis und einer – Kirche, über deren Eingang ein großes Warsteiner-Schild hängt. Hier findet in der Nacht von Freitag auf Samstag und von Samstag auf Sonntag eine „exklusive Mitternachtsmesse" für jeweils 50 „fromme Citizens" statt, die „ultrararen Tickets" werden verlost. „Für die Gewinner heißt es dann zwei Stunden Party, Predigt, frischem Warsteiner als Messweinersatz und einzigartigen Momenten."

Zum Beispiel, wenn „die Glocken der Warsteiner Parooka-Church wieder für zwei Menschen läuten", die sich das Ja-Wort geben wollen, „so richtig, mit echter Standesbeamtin". In diesem Jahr stand „die Trauung ganz im Zeichen der Toleranz, Offenheit und Befreiung von Tabus", denn zum ersten Mal wurden zwei Männer getraut, André und Tobias. Für die Abteilung Unternehmenskommunikation der *Warsteiner*-Brauerei der richtige Moment, um darauf hinzuweisen, wofür *Warsteiner* steht, nämlich: „Toleranz und Freiheit": „Wir zeigen mit der ersten gleichgeschlechtlichen Ehe in der Warsteiner Parooka-Church Flagge für Weltoffenheit und ein friedliches Miteinander."

Seit der Bundestag die Ehe für alle legalisiert hat, sind gleichgeschlechtliche Ehen keine Sensation mehr, die von Weltoffenheit, Toleranz und Freiheit zeugen. Das wäre allenfalls dann der Fall, wenn die Trauung irgendwo in Pakistan oder Saudi-Arabien stattfinden würde. Aber nicht in Weeze am Niederrhein, im Rahmen eines Musik-Festivals.

Erstaunlich an diesem Event ist, dass sich die Kirchen diese Trivialisierung eines für Christen wichtigen Rituals widerspruchslos gefallen lassen, eine Eheschließung mit frischem *Warsteiner* als Messweinersatz. Wird man demnächst auch am Rande des Oktoberfestes heiraten können, mit frischem *Paulaner*, *Franziskaner* und *Augustiner* anstelle von Messwein? Oder beim Radrennen rund um den Henninger Turm?

Noch erstaunlicher ist, dass die Lesben- und Schwulenorganisationen gegen eine solche Inanspruchnahme nicht protestieren. Es kann doch nicht der Sinn der Emanzipation sexueller Minderheiten von gesellschaftlichen Zwängen sein, von einer Brauerei vereinnahmt zu werden. Oder vielleicht doch?

Jetzt warten wir mal ab, wie es mit *Warsteiner* und dem *Paarookaville Electronic Music Festival* bei Weeze weiter geht. Wenn nächstes Jahr ein Carnivore (Fleischesser) und ein Veganer oder eine Veganerin den Bund fürs Leben schließen, wäre das tatsächlich ein starkes Zeichen für Toleranz und ein friedliches Miteinander.

Fliegenkacke

Zum ersten Mal haben Klimaaktivisten der FfF-Bewegung an einem Flughafen gegen „klimaschädliches Fliegen" demonstriert. Es war der letzte Schultag vor den Sommerferien in Baden-Württemberg und dementsprechend war auch das Gedränge im Terminal 1 des Stuttgarter Flughafens. Etwa 350 „Personen" sollen an der Demo teilgenommen haben, also etwa so viele, wie in einen Airbus A340-500 hineinpassen.

Sie hängten Plakate und Transparente auf, skandierten Sprüche wie „Attacke, Attacke – Fliegen ist kacke" und versuchten auf diese Weise, die Leute zu erreichen, „die nicht zu unseren Demos auf dem Rathausplatz kommen", so der 21 Jahre alte Organisator gegenüber einem Journalisten am Ort des Geschehens.

Man müsse den Leuten klarmachen, dass das Fliegen die Umwelt zerstöre. Inlandsflüge sollten verboten werden. Und: „Man muss auch nicht in Indien Urlaub machen."

Das stimmt. Man muss auch nicht in der Eifel, im Allgäu, im Westerwald, im Spreewald oder in der Uckermark Urlaub machen. Auch nicht im Engadin oder der Sächsischen Schweiz. Man muss überhaupt nicht Urlaub machen. Man kann zu Hause bleiben und ein Buch von Richard David Precht lesen. Oder alle Folgen von „Bauer sucht Frau" auf TVNOW schauen. Sich Gedanken über ein Leben vor dem Tode zu machen, wäre auch eine Möglichkeit, den Urlaub sinnvoll zu gestalten, ohne die Umwelt zu belasten.

Überhaupt finde ich, dass fast alles nicht sein muss. Oper, Theater, Kammermusik, Liederabende, Rockkonzerte, Fußballspiele, Kaffeetrinken auf dem Drachenfels, Meditieren auf Schloss Elmau, Intervallfasten mit Eckart von Hirschhausen, es muss nicht sein.

Ich brauche das alles nicht. Ich brauche zwei, drei Cafés zur Auswahl, einen Italiener, einen Inder, einen Vietnamesen und eine Buchhandlung mit einer intakten Klimaanlage, wo ich abhängen kann. Auf alles Übrige kann ich verzichten, wobei verzichten schon das falsche Wort ist, weil mir nichts fehlen würde.

Allerdings, wenn mir einer dieser Grünen Khmer begegnen und mir sagen würde, ich müsste nicht in Indien Urlaub machen, kein Rockkonzert und kein Fußballspiel besuchen, dann würde ich ihm die Ohren dermaßen langziehen, dass ich sie hinter seinem Kopf zusammenknoten könnte. Was bildet sich so ein Klima-Nazi ein? Wer oder was hat ihn legitimiert, mir vorzuschreiben, was ich machen oder unterlassen soll?

Der Klimaschutz ist das Einfallstor für den kommenden Totalitarismus. Er wird sich nicht darin erschöpfen, dass fossile Brennstoffe verboten und Elektro-Autos zum einzig erlaubten Fortbewegungsmittel erklärt werden, wenn auch nur für Besserverdiener und Coupon-Schneider. Es werden absurde neue Steuern erfunden werden, je nach der Sozialschädlichkeit bzw. Sozialverträglichkeit, das heißt: dem jeweiligen ökologischen Fußabdruck der sozialen Interaktion. Der Klimaschutz wird das private und das öffentliche Leben in einem Ausmaß bestimmen und kontrollieren, wie es noch kein Totalitarismus vor ihm getan hat. Und alles im Namen der Natur, der Bäume, der Eisbären, der Fledermäuse, der Pinguine, der Bienen und der Zitronenfalter. Was haben wir gelacht, als KGE 2017 auf einem Parteitag der *Grünen* feierlich gelobte: „Wir wollen, dass in diesen vier Jahren jede Biene und jeder Schmetterling und jeder Vogel in diesem Land weiß: Wir werden uns weiter für sie einsetzen." KGE, der wir auch die Feststellung verdanken, „Einwanderung in Deutschland" sei „eine Erfolgsgeschichte" und die Einwanderer würden die Renten derjenigen bezahlen, „die in Dresden auf die Straße gehen und gegen die Asylbewerber und Einwanderer protestieren", KGE ist eines der Gesichter des neuen Totalitarismus: eloquent, fesch und frei von jedem Zweifel an der Richtigkeit der Kausalketten, die sie konstruiert. Sogar dann, wenn sie vor der Projektion der Erdkugel auf eine große Leinwand steht und in den Saal ruft: „Wir haben diese Partei vor allem mit einem Ziel gegründet: weil wir diesen Planeten schützen wollen!", was etwa so wahr ist,

95

wie es wahr ist, dass die KPdSU mit dem Ziel gegründet wurde, liberale Ideen in der ganzen Welt zu verbreiten.

Ich verwende an dieser Stelle bewusst den Begriff Totalitarismus – und nicht Faschismus. Mit Faschismus assoziieren wir ein ganzes Repertoire an Namen und Begriffen: Franco, Mussolini, Hitler, Lebensraum, lebensunwertes Leben, mit stolzer Trauer, Endsieg, Mutterkreuz, Anschluss, Sonderbehandlung, Endlösung, Mischehe, Gestapo, mit Stumpf und Stiel, Ausmerzen, Rassenschande, Gleichschaltung, Entartete Kunst.

Wir assoziieren auch Bilder: die Rampe in Auschwitz, die qualmenden Ruinen im Warschauer Ghetto, die Reichsparteitage, die Leichenberge in den befreiten Konzentrationslagern, das Plakat zu der Ausstellung „Der ewige Jude", Adolf, Blondie und Eva auf dem Obersalzberg. Einen Faschismus ohne diese Accessoires können wir uns gar nicht vorstellen. Deswegen rufen wir „Wehret den Anfängen" und „Nie wieder 33!", wenn irgendwo drei besoffene Rechtsradikale ein Hakenkreuz an die Wand schmieren, und deswegen sind wir bereit, die Demokratie zu opfern, damit „die Rechten" nicht wieder an die Macht kommen und uns ein Viertes Reich erspart bleibt.

Aber dieser Faschismus wird nicht wiederkommen, schon deswegen, weil er sich nicht rechnet. Niemand ist in der Lage, ein Konzentrationslager klimaneutral zu betreiben. Man denke nur mal an die Unmengen von Feinstaub, die durch den Betrieb von Krematorien entstehen würden. Dagegen wäre das Neckartor in Stuttgart ein Naherholungsgebiet.

Der grüne Totalitarismus kommt mit wenigen Bildern und Begriffen aus. Da ist der auf einer Eisscholle dahintreibende Eisbär, der nie schwimmen gelernt hat; da sind die von Fluten bedrohten Inseln Nauru, Palau und Kiribati in Mikronesien, die längst untergegangen sein müssten, da sind die von Trockenheit ausgedörrten Steppen in Afrika und die vom Starkregen heimgesuchten Landstriche in Indien. Das dazugehörige „Narrativ" ist immer das gleiche: Es ist fünf vor zwölf, und wenn wir nicht sofort etwas unternehmen, sind wir bald Geschichte. Die Klimakatastrophe ist ein Betrieb, der rund um die Ohr Schreckensnachrichten produziert, immer verbunden mit einer Mini-Dosis Aussicht auf Rettung. Es ist genau die Mischung, die eine Kollekte braucht, um schlechtes Gewissen in klingende Münze zu verwandeln. Ein moderner Ablasshandel, der Hunderte von Instituten für Klima- und Klimafolgenforschung am Leben erhält, Tausende von Experten ernährt und Millionen von Gläubigen bei der Stange hält, animiert von Klima-Priestern wie Al Gore und Mojib Latif und -Priesterinnen wie Greta und Luisa.

Der grüne Totalitarismus verspricht auch die Rückkehr zu einer Idylle, die es nie gegeben hat, ein Öko-Paradies auf Erden. Eine hessische Umweltinitiative fordert ein „Klimaschutzgesetz", das eine „schnelle Verkehrswende" ermöglichen soll. Danach würde es in Deutschland so zugehen wie in Kambodscha zur Zeit der Roten Khmer: „Spielplätze statt Parkplätze; Flaniermeilen statt Blechlawinen; sicheres Radfahren; entspanntes Reisen mit Bus und Bahn; kluger Einsatz von erneuerbaren Energien statt klimaschädlichem Benzin und Diesel, saubere Luft statt krankmachende Abgase."

Nur eine Frage wartet darauf, gestellt und beantwortet zu werden: Wer diese Utopie finanzieren soll, wenn die Autobahnen zu Flaniermeilen umgewidmet wurden und der Geruch von Jasmin statt Benzin in der Luft liegt.

Das Gute am grünen Totalitarismus ist immerhin, dass er sich nicht heimlich anschleicht wie ein Dieb im Schutze der Nacht. Er sucht das Rampenlicht der Öffentlichkeit.

Der Ökonom Niko Paech, der an der Universität Siegen „plurale Ökonomik" unterrichtet, tritt für eine „wirksame CO_2-Steuer" ein, die den Menschen „die Urlaubsflüge, den Fleischkonsum, den Wohnraum, das Autofahren und den übermäßigen Konsum madig machen" sollte, also alles, was zum CO_2-Output beiträgt. Dazu bräuchte es aber, sagt der „Wachstumskritiker", einen „Aufstand der Handelnden und der sich dem Steigerungswahn Verweigernden". Da die Politik „nicht handlungsfähig" ist und die Technik „komplett versagt" hat, „brauchen wir ein drittes Regulativ", eine Art Bürgerbewegung von Menschen, die „anfangen darüber zu diskutieren und sich gegenseitig auch, wenn es sein muss, zu kritisieren", dergestalt, „dass ich meinem Nachbarn sage, hör mal, warum hast du eine Kreuzfahrt gebucht, wer gibt dir das Recht, einen SUV zu fahren, warum musst du eine Flugreise in den Skiurlaub auch noch tätigen".

Also, wenn mein Nachbar auf mich zugehen und mir sagen würde, hör mal, warum hast du eine Kreuzfahrt gebucht, wer gibt dir das Recht, einen SUV zu fahren, warum

musst du eine Flugreise in den Skiurlaub auch noch tätigen, dann würde ich ihn bitten, die Brille kurz abzunehmen, damit mein Gegenargument keinen allzu großen
Schaden anrichtet. Denn es würde nicht dabei bleiben,
dass er mir die Urlaubsflüge, den Fleischkonsum, den
Wohnraum, das Autofahren und alles Übrige, das Spaß
macht, mies machen möchte, er würde mich auch bei der
Bundesklimakammer als Klimaschädling melden, wenn
er dazu die Chance bekäme. Und so wie er sich das Recht
nimmt, mich zu denunzieren, nehme ich mir das Recht,
ihn in einer Art von präventiver Vorwärtsverteidigung daran zu hindern. Noch ein Spruch, Kieferbruch!

Dagegen könnte man einwenden: Wer ist schon Niko
Paech? In Siegburg könnte er weltberühmt sein, im *Deutschlandfunk* (DLF) hatte er seine Fifteen Minutes of Fame, aber
sonst? Das ist ein richtiger Einwand, der allerdings die
Dynamik außer Acht lässt, die absurden Ideen innewohnt,
wie zum Beispiel dem bedingungslosen Grundeinkom-
men, das inzwischen unter dem Begriff „Bürgergeld" immer mehr Befürworter gewinnt. Man sollte auch bedenken,
dass es weniger als ein halbes Jahr gedauert hat, bis aus einer
verhaltensgestörten, das Essen verweigernden, von Geis-
tern gejagten Schulschwänzerin eine Anwärterin auf den
Friedensnobelpreis wurde. Auch das war nicht absehbar.
Heute dagegen ist, dem Internet sei Dank, alles möglich
und fast alles machbar.

Morgen werde ich vom internationalen Flughafen bei
Washington über Keflavik nach Brüssel fliegen. Natürlich
mit *Iceland Air* und natürlich in der Business-Klasse. Das

bin ich mir als alter weißer Mann schuldig. Und möge der Herr Erbarmen mit denjenigen haben, die versuchen könnten, sich mir in den Weg zu stellen.

Sinnlose Katastrophe

Wenn deutsche Menschen ihrer Empörung, ihrem Mitgefühl oder ihrer Trauer Ausdruck verleihen wollen, dann greifen sie zu Substantiv-Adjektiv-Verbindungen wie „grausamer Mord", „brutale Vergewaltigung" oder „seelenlose Architektur". Offenbar kann es auch einen sanften Mord, eine zärtliche Vergewaltigung und eine beseelte Architektur geben. Selbst gebildete Menschen, die einen Pleonasmus von einer Tautologie unterscheiden können, kommen sich dabei nicht blöd, sondern schwer empathisch vor. Mein Favorit ist das schiere Entsetzen darüber, dass die Nazis etwa sechs Millionen „Jüdinnen und Juden" umgebracht haben, hatten wir doch bis vor Kurzem angenommen, dass sie Kavaliere waren, die sich nie an Frauen vergangen hätten. Hätten sie nur drei Millionen Juden umgebracht und die Jüdinnen verschont, müsste die Geschichte des Holocaust neu geschrieben werden.

Jetzt hat der Leiter der Frankfurter Bahnhofsmission, Carsten Baumann, bei der Trauerfeier für den infolge eines „Vorfalls" am Gleis 7 des Frankfurter Hauptbahnhofs ums Leben gekommenen achtjährigen Jungen von einer „sinnlosen Katastrophe" gesprochen und damit suggeriert, dass es auch „sinnvolle Katastrophen" geben kann. Vermutlich der Verzicht von Angela Merkel auf den Vorsitz der CDU oder die allerletzte Abschiedstournee von Howard Carpendale. Der Tod des Kindes war jedenfalls eine „sinnlose Katastrophe", es sei denn, man würde einen Sinn darin erblicken zu verhindern, „dass jetzt Gedanken von Hass um sich greifen", so die Pfarrerin der Evangelischen Hoffnungsgemeinde, Jutta Jekel, auf besagter Trauerfeier auf dem Platz vor dem Frankfurter Hauptbahnhof. Gott behüte, jetzt müssen Gedanken von Liebe um sich greifen! Wir müssen auch jene lieben, die uns hassen und verachten. Wir müssen sie lieben und für sie beten, das ist allererste Christenpflicht. „In Gedanken" aber sind wir, wie jetzt alle versichern, „bei den Opfern", wünschen der Mutter eine rasche Genesung und legen gebrauchte Kuscheltiere an der Stelle ab, wo ein Kind der Idee, Grenzgänger dürften nicht kontrolliert werden, geopfert wurde.

Alexander und Margarete Mitscherlich haben schon vor 52 Jahren von der „Unfähigkeit zu trauern" der Deutschen geschrieben. Daran hat sich bis heute nichts geändert. Deutsche können nicht trauern. Weder um die eigenen, zum Beispiel die Mauertoten, noch um die Toten der Anderen. Sie leisten allenfalls „Trauerarbeit". Entweder handelt es sich um einen genetischen Defekt oder eine Frage der Erziehung, was im Ergebnis aber auf dasselbe hinauskommt. Sie sind allenfalls „betroffen" oder „unheimlich betroffen". Nur in Ausnahmefällen lassen sie ihren Gefühlen freien Lauf, zum Beispiel dann, wenn das Hotel, das sie auf Mallorca gebucht haben, nicht den Erwartungen entspricht, die der Reisekatalog geweckt hat. Dann klagen sie sich durch alle Instanzen, bis endlich ein RTL-

Team bei ihnen vorbeikommt und sie erzählen lässt, wie mies das Frühstück und wie schlecht der Service in der Pension „Tarantella" waren.

Es gibt eine Art von Gefühlskälte, die alle Bekundungen von „Betroffenheit" und alle Demonstrationen von „Willkommenskultur" mit einer Schicht von Permafrost überzieht. Nach den Terroranschlägen vom 11. September sprach der deutsche Philosoph Peter Sloterdijk von einem „Zwischenfall in amerikanischen Hochhäusern", warf einen Blick auf die „Katastrophenlandschaft des 20. Jahrhunderts" und stellte fest: „Der 11. September gehört da eher zu den schwer wahrnehmbaren Kleinzwischenfällen". Fast 3.000 Menschen sind zu Tode gekommen, für Sloterdijk ein Kleinzwischenfall. Ein Großzwischenfall wäre es wohl gewesen, wenn Sloterdijk infolge des Kleinzwischenfalls einen Flug nach irgendwohin verpasst und deswegen eine Vorlesung über das Thema „Was die Zukunft bringt" hätte ausfallen müssen.

Sloterdijk hat sich bereits einen Platz in der *Hall of Fame* der deutschen Philosophen erarbeitet, irgendwo zwischen Jürgen Habermas und Richard David Precht. Wer in diese Höhen aufsteigen will, muss sich beizeiten etwas wirklich Originelles einfallen lassen, einen Hit wie „Ein Bett im Kornfeld" oder einen Satz wie „Ich bin wegen Auschwitz in die Politik gegangen". Wie immer zählt nicht nur die gedankliche Leistung, sondern auch der gute Wille.

Nach dem „Vorfall" am Gleis 7 am Frankfurter Hauptbahnhof verließ ein bis dato unbekannter grüner Bedeutungssimulant aus Isernhagen am Rande des Altwarmbüchener Moores südlich von Hannover seine Torfhütte, um die Sache, die in Frankfurt passiert war, angemessen zu kontextualisieren. Er twitterte: „Im Autoverkehr sterben jährlich mehr als 3.000 Personen – keine allzu großen Diskussionen. Im Bahnverkehr stirbt eine Person – (...) Bundesminister unterbricht Urlaub. Bitte immer die Verhältnismäßigkeit wahren (...)"

Ich bin auch dafür, immer die Verhältnismäßigkeit zu wahren. Ich verstehe zum Beispiel nicht, warum die Bundesrepublik die VR China mit 630 Millionen Euro Entwicklungshilfe jährlich unterstützt, wo es doch eigentlich andersrum sein müsste, wenn man die Bundesrepublik technologisch auf den Stand von China bringen möchte. Ich verstehe auch nicht, warum wir die „Ursachen" der Fluchtbewegungen bekämpfen müssen, wo es doch so schön ist, „Menschen geschenkt" zu bekommen, die uns „kulturell bereichern" und dafür sorgen, dass wir nicht „in Inzucht degenerieren". Richtig und zielführend wäre es, die Fluchtbewegungen zu stimulieren, damit nicht weniger, sondern mehr Menschen zu uns kommen.

Für den Philosophen Sloterdijk war der Anschlag auf das World Trade Center in NY ein „Kleinzwischenfall", für den *Grünen* aus dem Altwarmbüchener Moor war der Tod des Jungen, der vor einen einfahrenden ICE „geschubst" wurde, ein Unfall im „Bahnverkehr". Nothing to write home about!, reine Lokalnachrichten ohne überregionale Bedeutung. Statistisch irrelevant und auch sonst Peanuts. In Indien passiert so etwas jeden Tag, mehrmals. Man muss nur immer auf die Verhältnismäßigkeit achten.

Nicht nur für den Achtjährigen, der von einem ICE überrollt wurde, fing der Tag schlecht an, auch Ralf Stegner, Fraktionschef der SPD in Schleswig-Holstein und stellvertretender Vorsitzender der SPD im Bund, hatte keinen guten Start. Dort, wo er wohnt, ging am Morgen ein „kräftiger Regenguss" nieder. Danach ging es für Stegner „in die schöne Hansestadt Wismar im benachbarten Mecklenburg-Vorpommern", gab er über Twitter bekannt.

Der nächste Tweet wurde vermutlich platziert, als Stegner schon in der schönen Hansestadt Wismar weilte: „Anhaltende Diskussion über den schrecklichen Mordfall im Frankfurter Hauptbahnhof. Abgesehen von ekelhaften Anti-Ausländertiraden von AFD-Hetzern ist viel öffentliche Ratlosigkeit festzustellen. Mehr Polizeipräsenz? Sicher. Weiter zurückbleiben am Bahnsteig? Ohnehin vernünftig."

Das klang irgendwie wie „selber schuld". Hätte die Mutter mit ihrem Sohn nicht so nah an der Bahnsteigkante gestanden, wäre das Unglück nicht passiert. Wäre sie mit ihm an diesem Tag daheim geblieben, auch nicht. Im folgenden Tweet spekulierte Stegner über „mögliches Kandidatenfeld für den Vorsitz der SPD". Seine Vorhersage: „Noch ist einen Monat Bewerbungsfrist und Sommerpause. Es werden sicher noch Kandidaturen folgen ..." Und tags darauf wünschte er allen seinen Freunden wieder einen „Guten Morgen aus Bordesholm", seiner Heimatgemeinde.

Dass Stegner „von den Menschen als Kotzbrocken wahrgenommen" wird, und zwar einer von der unangenehmen Sorte, das hat schon im Jahre 2010 der Forsa-Chef Manfred Güllner festgestellt. „Und wo immer er auftritt, stabilisiert er dieses Bild"; deswegen täte die SPD gut daran, „Stegner auszutauschen". Ein Rat, den die Partei souverän ignorierte, mit den bekannten Folgen.

Aber Stegner ist nicht nur ein Kotzbrocken – autoritär, grobschlächtig, humorfrei – er ist ein Sozialdemokrat aus dem Labor von Dr. Frankenstein. Um es mit den Worten von Carsten Baumann, dem Leiter der Frankfurter Bahnhofsmission, zu sagen: Eine „sinnlose Katastrophe".

Der Untertan

Bis vor Kurzem habe ich die Idee der Reinkarnation für Humbug gehalten. Ich möchte nicht wiedergeboren werden, nicht als Katze, nicht als Kanarienvogel, nicht als Kevin Kühnert. Ich halte jedes Nachdenken über ein Leben nach dem Tode für sinnlos. Die meisten Menschen haben nicht einmal ein Leben vor dem Tode, was also soll der Quatsch?

Inzwischen bin ich mir aber nicht mehr so sicher. Vielleicht ist doch was dran, an der Inkarnation, nicht als Regel, aber doch als ein übernatürliches Phänomen aus dem Bereich der Parapsychologie.

Diederich Heßling ist wieder da, die Hauptfigur aus Heinrich Manns Roman „Der Untertan". Ein kleinkariertes Großmaul, das zugleich dienen und herrschen will, ein Mitläufer, der sich jedem System andient, das ihn mit Anerkennung belohnt.

Der Wiedergänger heißt Lorenz Beckhardt, er ist Redakteur beim WDR in Köln. Wenn er in den *Tagesthemen* zum *Erdüberlastungstag* „den Umgang mit unseren Ressourcen" kommentiert, hört sich das so an:

„Schon wieder so ein lästiges Umweltthema. Erdüberlastungstag. Hatten wir doch schon letztes Jahr und im Jahr zuvor und so weiter, immer die gleiche Predigt."

Ein Einstieg, wie man ihn auf der Journalistenschule lernt. Den Zuschauer an das Thema heranführen, ohne ihn zu überfordern.

„Von wegen, die Menschheit lebt über ihre Verhältnisse, wir verbrauchen die Ressourcen der Erde schneller, als sie nachwachsen können, und wir in den Industrieländern verbrauchen mehr als die Leute in Afrika."

Der logische Schluss aus dieser Feststellung wäre: Die Leute in Afrika, von den Berbern in Marokko bis zu den Buren in Südafrika, sollen mehr verbrauchen, um mit uns, den Leuten in den Industrieländern, gleichzuziehen. Es dem Mann vom WDR nachmachen.

„Okay. Verstanden. Und jetzt? Ich hatte heute Abend ein schönes Stück Fleisch auf dem Grill. Das habe ich öfter. Und wenn ich beruflich reise, nehme ich zwar die Bahn, aber privat steige ich oft ins Auto oder ich fliege um den Globus, weil ich gerne tauche und Korallenriffe liebe."

Wenn einer in Köln lebt und arbeitet, hat er zwei Möglichkeiten, wenn er sich erholen will. Er kann nach Gummersbach im Oberbergischen Land fahren, dort eine Bergische Kaffeetafel bestellen und hinterher eine Runde mit der Wuppertaler Schwebebahn drehen. Oder er fliegt um den Globus, um zu tauchen und Korallenriffe zu bewundern. Dazwischen gibt es nichts.

„Ich werfe zwar keine fast neuen Klamotten weg und brauche keine zwei Jahre ein neues Smartphone, aber wenn ich jetzt mit einem Finger auf Sie zeige, zeigen drei Finger auf mich zurück."

Nur der Daumen weiß nicht, was er tun soll.

„Ich bin Konsumjunkie. Und wenn Sie zufällig keiner sind, seien Sie einfach froh. Die Frage ist, warum ich mich nicht schäme?"

Nein, die Frage ist, warum Lorenz Beckhardt sich nicht schämt, uns kurz vor dem Zubettgehen solchen Stuss zu erzählen. Soll er doch fliegen, wohin er will, Korallenriffe betauchen oder Riesenschildkröten reiten, jedem das Seine.

„Vielleicht, weil Konsumieren Spaß macht, weil es Belohnung ist, Genuss, Lust. Und weil es fast alle machen. Dann kommen dauernd so Nachrichten wie heute, dass wir Konsumsüchtigen uns auf diesem Planeten benehmen wie die Axt im Walde."

Solche Nachrichten kommen nicht, sie werden von Leuten wie Beckhardt produziert und verbreitet. Der Mann ist ein Dealer, er steht aber nicht im Görlitzer Park herum, sondern lümmelt in einem ARD-Studio mit Klimaanlage.

„Jeder weiß, Süchtige brauchen Hilfe. Das Problem ist, dass kein Arzt umweltschädliche Konsumsucht heilen kann. Das können nur mutige Politiker. Deshalb die Bitte: Macht Fleisch, Autofahren und Fliegen so verdammt teuer, dass wir davon runterkommen."

Rein theoretisch könnte Lorenz Beckhardt weniger oder gar kein Fleisch essen, nur noch den ÖPNV nutzen und auf

Flüge rund um den Globus verzichten. Aus freien Stücken. Aber ein Untertan macht nichts aus freien Stücken. Er will, dass es ihm befohlen wird, er bettelt um einen Tritt in den Arsch. Wobei er auch dann, wenn alles verdammt teuer wird, sich fast alles leisten kann, ohne die Lust und den Genuss mit dem verarmten Pöbel teilen zu müssen. Die Aussicht auf so ein Privileg regt seine Phantasie und seine Verdauung an.

„Bitte schnell. Dann wählen wir auch euch alle."

Mutmaßlich

Wie Sie sich vielleicht noch erinnern können, gab es am 1. August in Stuttgart einen Vorfall, bei dem ein Mann zu Tode kam. Ich könnte auch sagen: Zwei Männer, beide mit Migrationshintergrund, gerieten in einen Streit, den einer der beiden nicht überlebte. Oder: Aus bisher ungeklärten Gründen hat ein aus Syrien stammender Schutzsuchender einen Bekannten mit einem Schwert zu Tode gehackt. Mitten am Tag, vor den Augen entsetzter Anrainer. Die Polizei ermittelt in alle Richtungen.

Für die Studenten der Hamburger Henri-Nannen-Schule wäre es eine anspruchsvolle Übung, den Vorfall so wiederzugeben, dass die Meldung dem Geschehen entspricht, ohne dass sie einen Generalverdacht oder eine Vorverurteilung enthält. Normalerweise geschieht das mit Hilfe der Formulierung „der mutmaßliche Täter" bzw. „die mutmaßlichen Täter". In dem Fall, um den es hier geht, wäre das möglich gewesen, wenn es keine Video-

Aufnahmen vom Tatort geben würde. Es gibt aber welche, auf denen zu sehen ist, wie der eine Mann mit einem Schwert auf den anderen einsticht. Von einem „mutmaßlichen Täter" kann also keine Rede sein, allerdings kann nicht ausgeschlossen werden, dass er in Notwehr handelte, weil der andere Mann ihn möglicherweise scheel angesehen oder ihm im Vorbeigehen „Ich hab eben deine Mutter gefickt" zugezischt hatte.

Wie gesagt, eine schwierige Aufgabe, die der *Deutschlandfunk* mit Bravour und Eleganz löste – indem er über den „Vorfall" keine Zeile, kein Wort, keine Silbe verlor.

Denn: So lange der DLF nicht über etwas berichtet, ist auch nichts passiert.

Einen Tag später, am 2. August, holte der *Deutschlandfunk* das Versäumte nach. Auf der Homepage des Senders erschien eine Erklärung „In eigener Sache", die ich hier im Wortlaut wiedergeben will, um ja keinen Verdacht aufkommen zu lassen, ich hätte den Text manipuliert.

Warum wir nicht über den Stuttgarter „Macheten-Mord" berichten

In Stuttgart ist gestern ein Mann mit einem schwertähnlichen Gegenstand getötet worden. Die Polizei hat einen syrischen Staatsbürger als Verdächtigen festgenommen. Täter und Opfer kannten sich nach den Angaben der Ermittler gut. In den Sozialen Medien wurde an uns die Frage herangetragen, warum wir bislang nicht über dieses Verbrechen berichtet haben, das im Netz auch als „Macheten-Mord" bezeichnet wird. In den Nachrichten des Deutschlandfunks spielen einzelne Kriminalfälle nur selten eine Rolle. Voraussetzung für die Berichterstattung ist eine bundesweite und gesamtgesellschaftliche Bedeutung, so wie in dieser Woche bei der Tat vom Frankfurter Hauptbahnhof. Das Verbrechen von Stuttgart ist grausam und erfüllt auch unsere Redaktion mit Trauer und Fassungslosigkeit. Die bundesweite und gesamtgesellschaftliche Relevanz sehen wir aber derzeit nicht. Die Staatsangehörigkeit eines Menschen begründet diese Bedeutung für sich genommen noch nicht. Das gilt auch für die Intensität der Debatte in Sozialen Medien. Zahlreiche Medien berichteten über die Tat von Stuttgart, insbesondere lokale und regionale. Das finden wir angemessen. Diese Berichte sind im Internet und in den Sozialen Medien für jedermann verfügbar.

Wie lange hat der zuständige Redakteur an dieser Erklärung gearbeitet? Hat er sie allein geschrieben oder zusammen mit anderen? Wurde sie vom Intendanten des DLF abgenickt? Und wie wurde sie in der täglichen Abteilungsleiterkonferenz evaluiert? Jedenfalls war sie in wesentlichen Teilen abgekupfert, von einer Erklärung, die im August 2018 auf der Seite *tagesschau.de* erschienen war, geschrieben vom *Tagesschau*-Chef Kai Gniffke persönlich.

Damals war es ein Arzt in Offenburg, den ein junger Mann aus Somalia mit einem Messer attackiert und tödlich verletzt hatte. Der Vorfall wurde in der *Tagesschau* nicht gemeldet, darauf gab es viel Aufregung in den sozialen Medien, worauf sich Kai Gniffke zu Wort meldete, um zu begründen, warum die *Tagesschau* über den Fall nicht berichtet hatte. Der Auftrag der *Tagesschau* wäre es, über

„Dinge von gesellschaftlicher, nationaler oder internationaler Relevanz" zu berichten, Dinge, die für die „Mehrzahl der rund 83 Millionen Deutschen von Bedeutung sind". Die *Tagesschau* könnte „nicht über jeden Mordfall berichten".

Gniffke relativierte seine Klarstellung, indem er einräumte: „Es haben all diejenigen Recht, die sagen, dass der Arzt heute noch leben würde, wenn dieser Flüchtling nicht ins Land gekommen wäre. Stimmt, ganz klar." Aber: „Ich sage ebenso deutlich, dass auch das für mich noch keine Begründung ist, über einzelne Kriminalfälle in der *Tagesschau* zu berichten, weil das gilt, was ich oben beschrieben habe."

Könnte man noch knapper sagen: „Ich habe Recht, weil ich Recht habe."

Ich denke nicht, dass es eine Richtlinie gibt, wie die ÖR über Fälle berichten sollen, über die sie nicht berichtet haben; mal, weil eine bundesweite und gesamtgesellschaftliche Relevanz nicht vorliegt und mal, weil nur über Dinge von gesellschaftlicher, nationaler oder internationaler Relevanz berichtet wird. Trotzdem ist die Wortwahl kein Zufall, sie ist das Ergebnis einer informellen informationellen Gleichschaltung, die nicht von oben verordnet werden muss, weil sie sich situativ durchsetzt, wie Benimmregeln in einem Swinger-Club. Insofern findet eine Zensur tatsächlich nicht statt. Und das, was stattfindet, könnte man „social engineering" nennen.

Zurück zum *Deutschlandfunk*, wo die Voraussetzungen für eine Berichterstattung klar definiert sind. Ein

Thema muss bundesweit und gesamtgesellschaftlich rele-
vant sein. Genau einen Tag, nachdem der DLF erklärt hatte,
„Warum wir nicht über den Stuttgarter ‚Macheten-Mord'
berichten", gab es ein Ereignis von bundesweiter und gesamtgesellschaftlicher Relevanz. Der DLF meldete:

**Grünen-Fraktionschefin Göring-Eckardt will wegen Hetze
nach Frankfurt-Attacke vorerst weniger facebooken**
*Grünen-Fraktionschefin Göring-Eckardt will sich von Hass
und Hetze auf Facebook nicht vertreiben lassen. Nach der
Gleis-Attacke am Frankfurter Hauptbahnhof würden ihre
Kommentarspalten mit unsäglichen Beleidigungen überflutet,
teilte die Politikerin mit. Als Reaktion werde sie zwar in den
kommenden Tagen weniger Zeit in dem Sozialen Netzwerk
verbringen, aber: „Ich lasse mich davon nicht einschüchtern."
Sie habe jedoch auch eine Verantwortung für ihre Mitarbeiter,
die diesen Hass ebenfalls abbekämen, weil sie mit ihr zusammen diese Seite betreuten.*

Das eigentliche Opfer der Gleis-Attacke am Frankfurter
Hauptbahnhof war die *Grünen*-Fraktionschefin Göring-
Eckardt, die offenbar von einem Gleis attackiert wurde. Die
bundesweite und gesamtgesellschaftliche Relevanz dieser
Nachricht lag in dem Umstand, dass KGE als Reaktion auf
diese Attacke beschlossen hatte, „in den kommenden Tagen
weniger Zeit in dem Sozialen Netzwerk" zu verbringen,
sich aber dennoch „nicht einschüchtern" zu lassen, allein
schon aus „Verantwortung für ihre Mitarbeiter, die diesen
Hass ebenfalls abbekämen". Ein vorbildliches Verhalten

für die Mutter der grünen Kompanie, die ihre FB-Posts von ihren Mitarbeitern schreiben lässt, um selber mehr Zeit zu haben, darüber nachzudenken, ob es „beim Klimaschutz um den Planeten oder die Planetin (geht), grad wie man ihn nennen möchte."

KGE's bedingter Rückzug aus dem Sozialen Netzwerk ist eine Nachricht wert. Die öffentliche Hinrichtung eines Frankfurter Bürgers durch einen Flüchtling, der die Gebote und Verbote der Gesellschaft noch nicht ganz verinnerlicht hat, ist es nicht. Jetzt warten wir gespannt darauf, dass der DLF meldet, KGE habe sich von der „Gleis-Attacke" soweit erholt, dass sie ihre FB-Aktivitäten wieder vollumfänglich aufnehmen kann. Auch das wäre eine Meldung von bundesweiter und gesamtgesellschaftlicher Relevanz, die der DLF seinen Hörern nicht vorenthalten darf.

Gruppenbezogene Erscheinungsformen

Der Berliner Rabbiner Yehuda Teichtal wurde von zwei unbekannten Männern auf Arabisch beschimpft und bespuckt. Teichtal war auf dem Weg von der Synagoge nach Hause, die Attacke „erfolgte aus einem Mehrfamilienhaus heraus" und kam vollkommen überraschend. So etwas habe er „noch nie erlebt", sagte er der *Welt*, obwohl er bereits 23 Jahre in Berlin leben würde. Von so einem Vorfall lasse er sich jedoch sein „Bild von Deutschland und Berlin nicht zerstören", er sei „gekommen, um zu bleiben" und habe weiterhin „keine Bedenken, jüdische Freunde nach Berlin einzuladen".

Ebenso stereotyp wie die Stellungnahme des Rabbiners waren auch die Reaktionen der Berliner Politprominenz. Der auf Lebenszeit gewählte Vorsitzende der Jüdischen Gemeinde zu Berlin, Gideon Joffe, sagte gegenüber der *dpa*, der Vorfall zeige, „wie wichtig es ist, den Kampf gegen Antisemitismus durch weitere praktische Maßnahmen zu verstärken", Polizeibeamte in Zivil müssten sicherstellen, „dass der Weg zur Synagoge und zurück ungestört angetreten werden" könnte.

Ich kann mich dem Vorschlag nur anschließen. Und wenn ich ihn ein wenig konkretisieren darf: Die Polizeibeamten sollten nicht nur zivil tragen, sondern auch eine Art Menschenkette oder Spalier bilden, um optimale Sicherheit zu garantieren. Und das nicht nur auf dem Weg in die Synagoge und zurück, sondern auch auf dem Weg zum Arzt, in den Supermarkt, zu den *Weight Watchers* und überhaupt.

Während der Staatsschutz beim Landeskriminalamt die Ermittlungen übernahm, ergriffen mehrere Berliner Pfannkuchen das Wort. Justizsenator Dirk Behrendt von den *Grünen* twitterte: „Es ist beschämend. Wir werden nicht nachlassen, den Antisemitismus in allen Erscheinungsformen zu bekämpfen. Herrn Rabbiner und seinem Kind habe ich meine persönliche Solidarität erklärt. Berlin steht an seiner Seite."

An der Seite der Opfer des Holocaust, der kommunistischen Gewaltherrschaft und der Berliner Verkehrsbetriebe zu stehen, ist eine der beliebtesten Übungen Berliner Politiker. In solchen Fällen kommt ein Briefsteller zum Einsatz, dem die Beileidsverbreiter die Bausteine ihrer Manifestationen entnehmen. Beschämend ... nicht nachlassen ... in allen Erscheinungsformen ... persönliche Solidarität ... an der Seite ...

Die noch fehlenden Module lieferte dann der Vorsitzende der SPD-Fraktion im Berliner Abgeordnetenhaus, Raed Saleh: „Antisemitismus hat in Berlin keinen Platz. Der Angriff auf meinen Freund Rabbiner Teichtal ist ein Angriff auf uns alle." Es mache ihn „wütend zu sehen, dass Menschen aufgrund ihrer Religion und Weltanschauung Ziel von Attacken werden."

Saleh machte sich auf den Weg zu seinem Freund Teichtal, schoss ein Selfie und postete es auf seiner FB-Seite. „Ich habe eben meinen Freund Rabbiner Teichtal besucht. Freue mich, dass es ihm gutgeht. Wir arbeiten weiter gemeinsam dafür, dass Berlin eine weltoffene Stadt bleibt, in der alle Religionen ihren Platz haben."

Solche Sätze auf ihren Subtext und ihre Tonalität zu untersuchen, wäre so albern, als würde man einen Haufen Hundekacke mit Mitteln der Spektralanalyse behandeln, nur um die Möglichkeit auszuschließen, dass es sich um eine Portion Tiramisu handeln könnte. Ich muss es dennoch tun.

Seit ein paar verwirrte Sozialwissenschaftler den Begriff „gruppenbezogene Menschenfeindlichkeit" erfunden haben, ist immer wieder von „Menschen" die Rede, die anderen „Menschen" Schlimmes antun. Das ist sozusagen die akademische Variante der Formel „One size fits all". Passt immer, ist aber ein wenig ungenau.

Man kann natürlich sagen, im Jahre 1915 hätten Menschen in der Türkei anderen Menschen viel Leid zugefügt. Man kann auch sagen, in Auschwitz hätten Menschen an der Rampe gestanden, die andere Menschen in den Tod geschickt haben. Und es wäre okay zu sagen, in Ruanda hätten im Jahre 1994 „umfangreiche Gewalttaten" stattgefunden, die viele Menschen das Leben gekostet haben. Im Grunde ist es doch egal, ob die Hutu die Tutsi massakriert haben oder umgekehrt, die Tutsi die Hutu, Menschen sind Menschen.

Und natürlich kann nicht hingenommen werden, „dass Menschen aufgrund ihrer Religion und Weltanschauung Ziel von Attacken werden". Aber wäre es nicht zielführend zu erfahren, wer die Täter und wer die Opfer sind? Wie oft passiert es eigentlich, dass jüdische Schüler ihre muslimischen Mitschüler so lange mobben, bis diese die Schule verlassen? Wann haben katholische Pfadfinder darauf bestanden, nicht neben muslimischen Pfadfindern sitzen zu müssen? Hat eine jüdische Studentengruppe jemals gefordert, dass auf dem Gelände einer Hochschule eine Synagoge errichtet wird?

In Berlin gibt es elf Synagogen, drei große und acht kleine, und etwa 100 Moscheen und islamische Gebetsräume. Alle Synagogen werden rund um die Uhr von der Polizei bewacht. Die einzige Moschee, die polizeilichen Schutz braucht, ist die *Ibn-Rushd-Goethe-Moschee* von Seyran Ates, die in einer evangelischen Kirchengemeinde untergekommen ist. Und jetzt raten Sie mal, wer diese kleine Moschee, in der Frauen und Männer zusammen beten und eine Imamin den Ton angibt, bedroht, weil sie „unislamisch" ist? Orthodoxe Juden? Fundamentale Christen? Fanatische Hindus? Radikale Tierschützer?

Raed Saleh, Chef der SPD-Fraktion im Berliner Abgeordnetenhaus, weiß es. Sein Freund, Rabbi Teichtal, auch. Aber sie behalten ihr Wissen für sich und „arbeiten weiter gemeinsam dafür, dass Berlin eine weltoffene Stadt bleibt, in der alle Religionen ihren Platz haben".

Wo es so gewaltig menschelt, da kann Frank-Walter Steinmeier nicht weit weg sein. Der Hausherr im Schloss Bellevue hat „den von einem antisemitischen Übergriff betroffenen Rabbiner besucht" und dabei „seine Abscheu über die Tat zum Ausdruck" gebracht – an einem Sonntag! Anschließend gab eine Sprecherin des Präsidenten bekannt, das Gespräch habe „im Privathaus der Familie Teichtal in Berlin" stattgefunden und „knapp eine Stunde" gedauert.

Das offizielle Kommunique las sich wie eine Mitteilung aus dem Büro des Staatsratsvorsitzenden der DDR über den Besuch einer Delegation der bulgarischen KP bei den Berliner Genossen. „Es ist oberste Aufgabe des Staates und Verpflichtung für uns alle, den Imperialismus in all seinen Erscheinungsformen zu bekämpfen und ihm gemeinsam entgegen zu treten."

Sorry, sehe gerade, ich habe mich beim Abtippen des Zitats vertan. Es muss natürlich heißen: „… den Antisemitismus zu bekämpfen", in all seinen Erscheinungsformen.

Sexit

Das Schöne an diesem Buch ist, dass es sich quasi von alleine schreibt. Mein Guru und Idol, Hanns-Dieter Hüsch, hat mal auf die Frage, wie seine Texte entstünden, woher er sein Material nähme, geantwortet, es sei ganz einfach: „Hingehen, hinhören, nach Hause gehen, aufschreiben und vortragen."

Sein Rohmaterial waren die Unterhaltungen der „einfachen Leute", im Bus, bei einer Familienfeier oder einer Beerdigung. Ich dagegen höre beim Autofahren Radio (meist den DLF) und sehe viel fern. Die *Tagesthemen* und das *heute journal* sind ein Muss, gefolgt von Sendungen wie *Leute heute*, *Brisant*, *RTL-Explosiv* und *RTL-Exclusiv*. Früher habe ich öfter die *kulturzeit* auf *3sat* gesehen, aber das ist lange her.

Die meisten meiner Freunde haben aufgehört, überhaupt fernzusehen, sie meinen, es sei reine Zeitverschwendung. Ich sehe das anders. Fernsehen ist für mich der tägliche Wasserstandsbericht aus einer Sozietät, die im Begriff ist, in den Fluten unterzugehen. Derweil ich auf einer Insel sitze und Protokoll führe über das, was sich vor meinen Augen abspielt. Weniger erhaben ausgedrückt: Ich sammle den Müll anderer Leute ein, sortiere und verarbeite ihn zu Texten. Ich mache jeden Tag etwas Anderes, aber immer das Gleiche. Sicher, ich würde lieber töpfern oder Korbstühle flechten, aber um so etwas zu lernen, bin ich zu alt.

Caren Miosga moderiert die *Tagesthemen*. Im ersten Beitrag geht es um eine Erhöhung der Mehrwertsteuer für Fleischprodukte von sieben auf 19 Prozent, die dem Wohl der Tiere zugutekommen soll, im letzten Beitrag kurz vor dem Wetter geht es um den Brexit. Caren Miosga setzt ihr „Jetzt-wird-es-lustig"-Gesicht auf und sagt:

„Die Briten, sie sind berühmt für ihre herrlichen Albernheiten, nicht erst seit eines ihrer lustigsten Exemplare, John Cleese von der Komikertruppe Monty Python, das Ministry of Silly Walks erfand, ein Ministerium für alberne Gangarten. Bislang hatten die Briten großen Spaß daran, sich über Herrschende lustig zu machen, doch seitdem die Politik selbst verrückt spielt, beim Brexit-Theater die irrsinnigsten Verrenkungen aufführt, haben immer mehr Briten Angst, der nächste Schritt könnte in den Abgrund führen. Und so ist jenem Land, dem der Humor noch immer aus der tiefsten Krise herausgeholfen hat, inzwischen das Lachen gründlich vergangen."

Es folgt ein Bericht von Annette Dittert, der Korrespondentin für das Vereinigte Königreich, die sich große Mühe gibt, so auszusehen wie Bettie Page, es aber nicht schafft. Wir sehen Bilder von einer Straßendemo in London. Dazu hören wir die Stimme von Annette Dittert aus dem Off:

„Es ist nichts mehr, wie es war auf der Insel, die zivilisierte englische Höflichkeit, sie ist dahin. Man streitet, schreit oder spricht gar nicht mehr miteinander. So sehr, dass es sich offenbar selbst auf die Geburtenrate auswirkt, das titelte jedenfalls jüngst die Daily Mail. Der Brexit sorgt offenbar tatsächlich auch für tote Hose im Bett. ‚No sex, please, we're British.' Nie war es wahrer als heute."

Natürlich hat Annette Dittert sich nicht selbst in die Niederungen britischer Betten begeben. Sie unterhielt sich mit einer jungen, gutaussehenden Frau namens Rachel

Thompson, die ihrerseits über Wochen mit Paaren sprach, die beim Brexit unterschiedlich gestimmt hatten. Das Interview mit Rachel Thompson fand in einem Londoner Sex-Shop statt. Möglicherweise war das auch der Ort, an dem Rachel Thompson jene Paare interviewt hat, die beim Brexit unterschiedlich gestimmt hatten.

„Die Frauen haben gesagt, ich will meine Ehe deshalb nicht beenden, aber es ist schwer, mit jemand Sex zu haben, auf den du latent permanent wütend bist. Manche haben es mit Versöhnungssex versucht, aber manche haben auch die Scheidung eingereicht. Ich war wirklich geschockt, dass das so einen Effekt hat. Und nach der Recherche habe ich zu meinem Redakteur gesagt, der Brexit ist ein echter Sexkiller."

Annette Dittert nimmt den Faden auf: „Aber er ist noch weit mehr als nur das. Für Brexit-Gegner hat er das ganze Leben verändert. Peter Cook wurde auf der Straße verprügelt, weil er seine Haltung offen zur Schau trägt, seitdem ist er in Behandlung. Kathrin Lucy hat seit 2016 schwere Depressionen, ihr macht vor allem die neue, so ganz unenglische Feindseligkeit zu schaffen."

Wir sehen Kathrin Lucy und Peter Cook auf einer Bank in einem Park sitzen. Kathrin Lucy spricht Englisch, Annette Dittert übersetzt:

„Diese Lügen, diese Beschimpfungen, neuerdings werden wir als Remain-Ungeziefer beschimpft. Diese Sprache, die dürfen das einfach jetzt."

Peter Cook übernimmt: „Es ist dieses Gefühl der Hoffnungslosigkeit, der Machtlosigkeit, dass dieser Bulldozer

Johnson uns jetzt über die Klippe eines No-Deal stößt. Ich kenne Leute, die Selbstmordgedanken haben, die Medikamente nehmen und total verzweifelt sind."

Annette Dittert leitet zur nächsten Zeugin über. Der Kollisionskurs der Johnson-Regierung stärkt die Angst-Symptome vieler Briten noch, sagt Susi Orbach, die in London hauptsächlich Remainer behandelt. Der Brexit-Stress ist Thema Nummer eins auf ihrer Couch derzeit.

Susi Orbach ist Psychoanalytikerin, spezialisiert auf tote Hosen und gestresste Remainer, also Briten, die in der EU bleiben wollen. Sie sagt: „Niemand hat je daran gedacht, dass es wirklich auf einen No-Deal zuläuft. Die Idee, dass das jetzt keine Verhandlungsstrategie ist, sondern ernsthaft das Ziel der Regierung, das macht Angst, dass sie uns sagen, wir werden uns isolieren, allein in den Kampf ziehen. Als ob Menschen so funktionieren, jeder weiß, dass er nicht allein existieren kann. Das macht großen Stress."

Annette Dittert ergänzt: „Gerade die traditionellen Engländer könnten nun einmal nicht gut mit Konfrontation umgehen, nicht dagegenhalten."

Das Schlusswort überlässt sie Peter Cook: „Englisch zu sein ist eigentlich den Konflikt zu vermeiden, um niemanden vor den Kopf zu stoßen. Aber wir werden den Brexit jetzt genau deshalb bekommen, weil wir nicht kämpfen können. Denn die EU-Befürworter auf der Insel sind einfach zu englisch und erschöpft, um den Brexit jetzt noch aufhalten zu können."

Falls Sie sich den Beitrag ansehen möchten, so finden Sie ihn auf der Homepage der *Tagesschau* unter der Überschrift: „So silly…: Wie die Seele der Briten unter dem Brexit leidet."

Ja, so sehr haben die Briten nicht mehr gelitten, seit London mit V2-Raketen („Vergeltungswaffe 2") von Peenemünde aus angegriffen wurde. Damals haben sie noch lustige Kriegslieder gesungen („We're Going to Hang out the Washing on the Siegfried Line"), während sie heute unter Libidoverlust leiden und über Selbstmord nachdenken.

Dass bei den Wahlen zum Europaparlament die *Exiteers* stärkste Partei wurden, ist für Annette Dittert so unbedeutend, dass sie es nicht einmal erwähnt. Sie hat vier Zeugen, die ihr das sagen, was sie hören möchte und was sie in jedem ihrer Berichte wiederholt: dass die Briten verrückt geworden sind. Denn was für die Briten gut oder schlecht ist, das entscheidet die Redaktion der *Tagesschau* in ihrer Morgenlage. Dort wusste man auch, dass Trump in El Paso nicht willkommen war, noch bevor er in der Stadt eintraf. Und dass sich die USA abschotten, obwohl sie jedes Jahr über eine Million legale Einwanderer aufnehmen. Das ist Journalismus ARD-Style, suggestiv, voreingenommen, ein gebührenpflichtiges Ressentiment. So wird nicht nur aus den USA, aus England und Israel berichtet (palästinensische Anschläge werden gemeldet, sobald Israel zurückgeschlagen hat), die gleichen Maßstäbe gelten für Polen, Italien, Frankreich, Dänemark, Österreich, Ungarn, Tschechien und inzwischen sogar die Schweiz. Alles Amateure, die keine Ahnung haben, wie Politik geht. Freilich, das ZDF ist auch nicht besser, jeder Satz, den Claus Kleber ausspricht, ist ideologischer Müll, der eine Endlagerstätte sucht.

Von Wein und Wasser

Der Teleprompter muss ausgefallen sein, Claus Kleber liest vom Blatt ab: „Dr. Michael Kopatz ist am Wuppertal Institut für Umwelt, Klima und Energie ein Fachmann für die Reibungsflächen zwischen Klimaschutz, Gesellschaft und politischen Interessen. Er ist aus Osnabrück für uns ins Studio Hannover gekommen, 140 Kilometer mit Bahn und Fahrrad, danke auch dafür, guten Abend!"

„Ja, schönen guten Abend, Herr Kleber."

So beginnt ein etwa fünf Minuten langes Gespräch zwischen dem Moderator des *heute journals*, Claus Kleber, und dem Fachmann für Reibungsflächen, Michael Kopatz, vom Wuppertal Institut für Klima, Umwelt, Energie, einer gemeinnützigen GmbH.

Was macht eigentlich das Wuppertal Institut? Es untersucht „Transformationsprozesse zu einer nachhaltigen Entwicklung", die Forschungsarbeiten hierzu „bauen auf disziplinären wissenschaftlichen Erkenntnissen auf und verbinden diese bei der transdisziplinären Bearbeitung komplexer Nachhaltigkeitsprobleme zu praxisrelevanten und akteursbezogenen Lösungsbeiträgen". Dabei sind „Problem, Lösungsansatz und Netzwerke gleichermaßen global, national sowie regional/lokal ausgerichtet". Das machen derzeit viele „gemeinnützige" Institute, die komplexe Nachhaltigkeitsprobleme zu praxisrelevanten und akteursbezogenen Lösungsbeiträgen verarbeiten, wobei sie darauf achten, gleichermaßen global, national sowie regional/lokal zu wirken. Kann man von einem gemeinnützigen Institut mehr verlangen?

In einem Beitrag, der auf der Homepage des Goethe Instituts erschienen ist, hat Michael Kopatz zur Rettung des Klimas ein „Wohnflächenmoratorium" gefordert, es sollten weniger oder am besten keine neuen Wohnungen mehr gebaut werden. Der vorhandene Wohnraum müsse nur besser genutzt werden. „Kommunen mit stagnierender oder sinkender Einwohnerzahl bewilligen keine Wohnneubauprojekte mehr. Das erhöht den Anreiz, mit dem bestehenden Gebäudebestand besser zu wirtschaften. Schließlich stehen in Deutschland von knapp 40 Millionen Wohnungen 3,5 Millionen leer." Seine Idee sei „administrativ leicht umzusetzen", wenn nur „der politische Wille" da wäre. Das heißt, es gibt kein Amt, keine Behörde, die willens und in der Lage wäre, ein paar Millionen Menschen umzusiedeln, aus dicht bewohnten Gebieten mit einem Wohnungsmangel in dünn bewohnte Gebiete mit einem Wohnungsüberhang. Also aus Hamburg, Köln, Frankfurt, Stuttgart und München nach Lüchow-Dannenberg zum Beispiel, den mit 42 Einwohnern je Quadratkilometer am dünnsten besiedelten Landkreis der ganzen Republik. Oder nach Meinheim im Altmühltal, wo auf einen Quadratkilometer 53 Einwohner kommen und ehemalige Bauernhöfe leer stehen, soweit sie noch nicht von Münchner *Landlust*-Abonnenten aufgekauft und zu veganen Festungen ausgebaut wurden.

Weiter mit Claus Kleber: „Bei den ganzen Vorschlägen, die hier jetzt kursieren, entdecken Sie da jetzt genügend, um das Klimaziel am Ende zu erreichen und das Klima zu retten?"

Kopatz schaut drein, als habe er mit einer anderen Frage gerechnet, nämlich der, wie er es geschafft habe, aus Osnabrück nach Hannover mit der Bahn und dem Klapprad zu fahren, ohne dass sein blauer Anzug oder seine Frisur gelitten hätten.

„Zunächst einmal ist das ambitioniert und gut, aber es wird nicht ausreichen, und ich habe den Eindruck, dass wir uns davor drücken, unbequeme Wahrheiten auszusprechen."

The Unconvenient Truth, die unbequeme Wahrheit, war der Titel eines zweistündigen Dokumentarfilms über die Folgen des Klimawandels, den Al Gore im Jahre 2006 produziert hat. Damals bereits war „die globale Erwärmung eine echte und gegenwärtige Gefahr" (Wikipedia), gegen die sofort etwas unternommen werden musste, um den Planeten zu retten. Drei Jahre zuvor wurde Greta geboren, die nun in Al Gores Fußstapfen weiter macht.

„Dann sprechen Sie sie mal aus", sagt Claus Kleber.

„Eine unbequeme Wahrheit ist, dass keine neuen Straßen mehr gebaut werden dürfen, um das CO_2-Ziel im Verkehr zu erreichen. Wir haben jetzt ein Wachstum, jedes Jahr ist CO_2 angestiegen im Bereich Verkehr, es gibt keinen Rückgang, und wir wollen bis zum Jahre 2030 minus 40 Prozent CO_2, das hat die Bundesregierung sich selbst vorgenommen. Und es ist unmöglich, CO_2 zu reduzieren, wenn wir weitere Straßen bauen."

An dieser Stelle hätte Claus Kleber intervenieren und seinen Gast im Hannoveraner ZDF-Studio fragen können, was denn überhaupt noch gebaut werden dürfe, wenn

Wohnungsbau und Straßenbau eingestellt würden. Und ob es einen positiv korrelierenden Zusammenhang zwischen Obdachlosigkeit und Klima gibt und wo der Mann vom Wuppertal Institut denn wohnt, vielleicht in einem ausrangierten Waggon der Wuppertaler Schwebebahn? Das tat Claus Kleber aber nicht, sondern er fragte:

„Man baut doch ständig bessere und effizientere Autos, da kann man doch auch ein paar Straßen mehr bauen."

Michael Kopatz lacht kurz auf, als hätte Kleber einen Witz gemacht: Gehen drei Klimaforscher an einer Kneipe vorbei, ein Deutscher, ein Franzose und ein Italiener ...

„Ja, haha, das wäre gut, wenn sie nur besser und effizienter würden, aber leider werden sie auch immer schwerer und immer mehr. Das zunehmende Gewicht hat dafür gesorgt, dass die Effizienz quasi kompensiert wurde. Ein SUV verbraucht ja immer noch viel mehr als damals ein Käfer."

Das ist zweifellos wahr. Wahr ist aber auch, dass zu der Zeit, als der Käfer vom Band lief, es zwar schon ein Klima, aber keine Klimakatastrophe gab, obwohl der Himmel über Rhein und Ruhr meistens schwarz war und Millionen Tonnen von Kohle gefördert und verfeuert wurden.

„Sind jetzt die SUVs auf der Abschussliste? Müsste eine konsequente Politik jetzt so weit gehen zu sagen, wir verbieten SUVs?", will Claus Kleber wissen.

„Ich würde das jetzt nicht als verbieten bezeichnen, ich plädiere ... für höhere Standards. Das heißt, wir heben die Standards für die CO_2-Emissionen der Autoflotte an, das ist jetzt schon bereits politische Beschlusslage, und sorgen dafür, dass über die nächsten Jahre bis zum Jahre 2030 das Null-Emissions-Fahrzeug zum Standard wird, in der gesamten Europäischen Union. Grundsätzlich hat die Union diesen Fahrplan schon beschlossen, also es ist wettbewerbskonform in der Union, aber es ist nicht weitgehend genug, weil im Jahre 2030 das 60-Gramm-Ziel dasteht, das müsste null Emission sein. Das Schöne daran ist, die Leute können ein großes Auto kaufen, ein Familienauto, ein sportliches Auto, wir erreichen zu 100 Prozent das Ziel null Emission, dafür bräuchte man keine Steuer und keine Vorschriften und da muss auch keiner persönlich verzichten."

Das wiederum klingt wie jener berühmte Satz von Henry Ford: „Sie können einen Ford in jeder Farbe haben, Hauptsache, er ist schwarz." Während ich die Sache mit dem 60-Gramm-Ziel nicht verstanden habe, ist Claus Kleber offenbar auf der richtigen Spur.

„Das bedeutete aber, man braucht eine völlig neue Autotechnologie und jeder muss sich ein neues Auto kaufen."

Bingo, Claus, das ist es! Der Fachmann für Reibungsflächen zwischen Klimaschutz, Gesellschaft und politischen Interessen fühlt sich richtig verstanden.

„Ja, da wollen wir hin, dass die Technologie sich verändert, das Gute an diesem Vorschlag, den ich hier unterbreitet habe, ist, man muss der Industrie gar nicht vorschreiben, mit welcher Technologie sie das erreicht, ob das Elektromobilität ist, Wasserstoff oder Bioethanol, das können wir getrost den Profis überlassen. Wir sagen nur, wo wir, also die Politik könnte sagen, wo wir hinwollen, in welche Richtung, wie das Endziel oder das Ziel lautet, Politik ist hier gefragt, die Innovationsrichtung vorzugeben."

Ja, man könnte so vieles den Profis überlassen, den Bau des Berliner Flughafens, die Organisation der Bundesbahn, das Rentensystem, den Einkauf von Panzern und Hubschraubern für die Bundeswehr. Aber woher soll man die Profis nehmen? Aus den Seminaren über Gender-Studies oder gerechte Sprache? – Claus Kleber steuert das Gespräch auf ein anderes Gebiet.

„Also auch Sie sagen, niemand muss auf was verzichten. Was würde das denn für den Flugverkehr bedeuten?"

„Im Flugverkehr schlage ich ... Limits vor, also absolute Grenzen, alles wird immer größer, komfortabler und luxuriöser und es wird auch immer mehr geflogen. Mein Vorschlag lautet, dass wir die Zahl der Starts und Landungen auf dem gegenwärtigen Niveau begrenzen. Das Interessante an meinem Vorschlag ist, dass die Bundesregierung dafür nichts tun müsste. Ich plädiere also hier tatsächlich für die Unterlassung, denn wenn München keine weitere Startbahn baut und in Frankfurt kein weiterer Terminal gebaut wird, kann der Flugverkehr nicht weiter zunehmen, und wenn die Flugsicherungsbehörde keine weiteren Slots vergibt, kann der Flugverkehr auch nicht zunehmen. Das, wenn der Flugverkehr nicht zunimmt, das wäre das Ziel, das wir im Augenblick erreichen müssten, wenn wir uns selbst ernst nehmen beim Klimaschutz."

Das Interessanteste an Kopatz' Vorschlag ist, dass er ihn für interessant hält. Der Mann hat aber nicht das Perpetuum mobile erfunden oder die Newtonschen Axiome widerlegt, er will im Luftverkehr ein „Moratorium" erreichen, ähnlich dem im Wohnungsbau. Die Zahl der Flüge wird eingefroren. Man könnte auch sagen, Kopatz will die Planwirtschaft zurück, die sich in den sozialistischen Wirtschaften von Albanien und Polen bis Kuba und Venezuela so phantastisch bewährt hat. Als Fachmann für die Reibungsflächen zwischen Klimaschutz, Gesellschaft und politischen Interessen muss er von Ökonomie keine Ahnung haben, nicht einmal wissen, welche Folgen die Deckelung von Angeboten und Preisen hat. Entweder es bildet sich ein Schwarzmarkt oder Güter und Leistungen werden rationiert. Würde man im Luftverkehr „absolute Grenzen" einführen, bekäme jeder Bürger ein Kontingent an Flügen zugeteilt. In einer Gesellschaft, in der die „Gleichheit" und „soziale Gerechtigkeit" die größten Tugenden sind, würden auch individuelle Flugrechte gleich und gerecht verteilt. Vielflieger könnten Flüge dazukaufen, Wenigflieger ihre Coupons versilbern. Im Emissionshandel gibt es das bereits. Dazu müsste eine Art Tauschbörse geschaffen werden, noch ein Bürokratiemonster im Paragrafendschungel.

Claus Kleber schwant Ungutes: „Nun haben sich die Menschen daran gewöhnt, mit ihrem wohlverdienten Geld ab und zu in Urlaub fliegen zu können, und dass das auch wächst, dass man auch weiter und öfter verreisen kann, damit wäre jetzt Schluss, wenn ein Verzichtprediger wie Sie jetzt die Politik bestimmen könnte."

Kopatz versucht eine Klarstellung: „Ich fürchte, Sie haben mich falsch verstanden, ich plädiere nicht für Verzicht, ich will niemandem etwas wegnehmen ..."

„… Verzicht auf Zuwachs?"

„Ja, haha, das ist in der Tat so, wir leben in einer Gesellschaft, in der die Vermeidung von Expansion als Verzicht empfunden wird, und wenn Sie das so empfinden, dann plädiere ich für Verzicht. Tatsächlich möchte ich aber gar nicht, dass der Flugverkehr zurücknimmt, sondern dass wir jetzt den Deckel drauflegen und es ernst nehmen mit dem Klimaschutz, das ist das Mindeste, was wir tun müssen, die Expansion vermeiden."

Claus Kleber kapituliert: „Nun fordert das für die Politik niemand. Sie sitzen für die *Grünen* im Stadtrat von Osnabrück, auch Ihre Partei ist ziemlich handzahm, wenn es um solche Forderungen geht, verglichen mit ihren Vorstellungen."

Kopatz nutzt die Gelegenheit, noch schnell auf sein Buch hinzuweisen: „Hmm, ja, ich wurde neulich als unmoralischer Grüner bezeichnet, vielleicht wegen meines neuen Titels „Schluss mit der ‚Öko-Moral' ", aber ich traue mich einfach als Wissenschaftler das zu sagen, wovon auch viele Kollegen sagen, das ist das Mindeste, was wir machen müssen, damit das geschieht, was alle wollen.

80 Prozent der Bürger wollen Klimaschutz, 80 Prozent der Bürger wollen weniger Autos in der Stadt, aber niemand ist bereit, selber zu verzichten. Das heißt, wir müssen dieses kollektive Problem, Klimakrise, das können wir nicht auf individueller Ebene lösen, das müssen wir auch kollektiv, also politisch beantworten."

„Ein Rat eines Fachmanns, danke schön nach Osnabrück", sagt Claus Kleber und macht den Sack zu.

Michael Kopatz steigt auf sein Klapprad, radelt zum Hannoveraner Hauptbahnhof und nimmt den nächsten Zug nach Osnabrück. Morgen wird er nach Wuppertal fahren, natürlich mit der Bahn und seinem Klapprad, und sich wieder den Reibungsflächen zwischen Klimaschutz, Gesellschaft und politischen Interessen aussetzen. Und bald wird wieder ein neuer Verzichtprediger auftauchen und fordern, dass die Menschen weniger Fleisch essen, dass keine Avocados importiert, Haustiere abgeschafft und alle Reisen über 100 Kilometer besteuert werden. Oder hatten wir das schon?

Spannend und so

Wenn man die Nachrichten verfolgt, täglich oder auch nur unregelmäßig, könnte man leicht den Eindruck gewinnen, mit der SPD ginge es bergab. Die 20,5 Prozent bei den letzten Bundestagswahlen erscheinen heute wie ein Traumergebnis. Die Vorhersagen für die kommenden Landtagswahlen liegen weit darunter.

Aber der Eindruck täuscht. Die SPD ist wirklich pumperlgesund und putzmunter. Ihr neuer Vorstand soll jetzt eine „Doppelspitze" werden, eine Frau und ein Mann, entsprechende Bewerbungen werden bis zum 1. September entgegengenommen, Rainer Haubrich schrieb neulich in der *Welt* von einer „Casting Show". Das ist etwa so, als würden die Angehörigen einer Feuerwehrwache sich zu einer Skat-Runde hinsetzen, während nebenan die Hütte brennt.

131

Aber es ist nur eine Frage der „Kommunikation", also wie man schlechte Nachrichten so vermarktet, dass sie als gute wahrgenommen werden. Bei der SPD ist für diese Aufgabe der Generalsekretär der Partei, Lars Klingbeil zuständig, 41 Jahre alt, früher stellvertretender Bundesvorsitzender der Jusos. Ihm wird nachgesagt, er denke darüber nach, ob er am Rennen um den Vorsitz der SPD teilnehmen soll.

Caren Miosga fragt: „Worauf warten Sie noch?"

Und Lars Klingbeil antwortet: „Mir war es wichtig als Generalsekretär, dass wir jetzt in ein Verfahren starten, das spannend ist, das auch zeigt, welch tolle Menschen in der SPD sind, vielleicht in der zweiten, in der dritten Reihe, die bereit sind, Verantwortung zu übernehmen, da haben sich jetzt einige gemeldet, ich bin mir sicher, ein paar werden noch kommen, wir werden 23 Regionalkonferenzen veranstalten, auf denen sich dann alle noch präsentieren werden, wo sie ihre Ideen zeigen, wie sie das Land und die Partei voranbringen wollen, und das muss ja alles erst einmal organisiert werden, und das ist meine Hauptverantwortung, und jetzt machen sich einige noch Gedanken, ob sie selbst noch ins Rennen einsteigen, dazu gehöre ich auch, aber alle haben Zeit bis zum 1.9. und dafür spüre ich auch keinen Druck ..."

„Aber Herr Klingbeil ..."

„... wichtig ist, dass im September einige spannende Personen auf dem Platz sind, das ist jetzt schon der Fall ..."

Damit hat Klingbeil die Frage von Caren Miosga zwar nicht beantwortet, aber immerhin schon zwei Mal „spannend" gesagt. „Spannend" ist das Verfahren und „spannend" sind auch die Personen auf dem Platz. Dabei ist alles, was derzeit in und um die SPD herum passiert, so spannend wie eine „Derrick"-Folge aus den 70er Jahren. Das meint offenbar auch Caren Miosga und fragt nach.

„Das Verfahren läuft schon seit fünf Wochen. Und Sie, auch Sie persönlich, haben die Chance, stolzer Nachfolger von August Bebel, Willy Brandt oder Helmut Schmidt zu werden, müssen darüber nun mehr als fünf Wochen nachdenken? Was glauben Sie, was das für einen Eindruck macht?"

Klingbeil würde eher die Chance ergreifen, Nachfolger von Marc Terenzi im *Dschungelcamp* zu werden, aber das kann er natürlich nicht sagen, denn die SPD hat sich etwas ganz Tolles ausgedacht, um aus dem dunklen Abgrund wieder ans Tageslicht zu kommen.

„Es geht auch darum, dass zum Beispiel auch Teams antreten. Zum ersten Mal in der Geschichte der SPD haben wir gesagt, eine Doppelspitze, es sollen wirklich Teams sein, da muss man dann auch untereinander reden, und das nehme ich wahr, dass einige in der Partei gerade miteinander sprechen, ob sie gemeinsame Vorstellungen haben ..."

„... mit wem reden Sie denn?"

„Frau Miosga, das sind Dinge, solche Gespräche, die führt man untereinander, wenn man sie überhaupt führt, und da kriegt auch, glaube ich, gerade in Berlin häufig genug schon jeder mit, wo geredet wird, aber wenn man verkündet, dass man für die Partei antritt, dann macht man das nicht Sonntagabend im Fernsehen, sondern macht man zum richtigen Zeitpunkt, man muss sich erstmal klar sein und noch mal, es gibt viele, die gerade noch nachdenken, entscheidend ist, dass im September ein spannendes Rennen ist, es geht um die Mitglieder der SPD, die sollen entscheiden, die haben am Ende die Stimme, es geht nicht darum, sich vorher unter Druck setzen zu lassen."

Jetzt ist nicht nur das Verfahren spannend und nicht nur die Personen, die daran teilnehmen, es soll auch im September ein spannendes Rennen werden. Mindestens so spannend, wie seinerzeit der deutsche Einmarsch in Polen, der auch am 1. September um 5.45 begonnen hat. Hätte ich in der SPD etwas zu sagen, würde ich versuchen, solche Kollisionen von historischen Ereignissen zu vermeiden. Also kein Sommerfest am 13. August, keine Tupperware-Party am 9. November und keine Miss-Wahlen am 27. Januar. Aber ich bin nicht in der SPD, und deswegen läuft in der Partei so vieles schief.

Caren Miosga scheint in die gleiche Richtung zu denken. „Okay, es macht Ihnen keine Angst, Herr Klingbeil, dass fast die gesamte aktuelle Führungsriege offenbar Angst vor dem SPD-Vorsitz hat, und alle ihren Hut nicht in den Ring werfen?"

Klingbeil hat mit dieser Frage offenbar gerechnet und bringt wieder die „spannenden Leute" in Stellung, die ein „spannendes Rennen" versprechen, weil so viele „spannende Personen" auf dem Platz sind. Damit hat er bis jetzt sechs Mal „spannend" gesagt. Gleich wird er es noch dreimal sagen.

„Nein, und ich finde, das ist auch eine unfaire Bewertung, dass man immer nur auf die vorderste Reihe guckt, es geht doch genau in einem solchen Verfahren darum, dass man sagt, welche spannenden Leute sind vielleicht in der zweiten oder dritten Reihe, haben Verantwortung in den Ländern, haben an anderen Stellen noch Verantwortung für die SPD, für die Gesellschaft insgesamt und trauen sich jetzt einen solchen Vorsitz der SPD auch zu. Hätten wir das alte Verfahren beibehalten wollen, dass einfach die nächsten von der Liste jetzt den SPD-Vorsitz übernehmen, dann hätten wir nichts ändern brauchen, aber Politik braucht Umbrüche, die sind jetzt da, wir haben ein komplett neues Verfahren gewählt, wir lassen uns jetzt die Zeit, bis wann sich alle gemeldet haben, dann entscheiden die Mitglieder, es wird ein spannendes Rennen, und ich bin sicher, Sie werden auch finden, dass da spannende Personen nachher auf dem Platz sind."

So viel Spannung ist ja kaum noch auszuhalten, dagegen ist ein Formel-1-Rennen auf dem Stadtkurs von Monaco nur eine Art Sackhüpfen. Caren Miosga kämpft tapfer weiter und versucht, einem Rollmops das Schwimmen beizubringen.

„Es geht auch um das Überleben der SPD, wenn wir ehrlich sind, und eine Partei in einer Existenzkrise will offenbar kaum jemand führen. Ist es nicht so?"

„Nein, das glaube ich überhaupt nicht, wir sehen jetzt schon, dass viele spannende Persönlichkeiten gesagt haben, sie wären bereit, künftig die SPD zu führen, und die Aufgaben, die sind ja wirklich da. Ich habe das gerade in diesen Tagen gemerkt, wenn ich bei mir im Wahlkreis oder auch in den Wahlkämpfen in Ostdeutschland unterwegs bin, die Themen der SPD, die liegen ja quasi auf der Straße, wenn es darum geht, dass die Schulen funktionieren, wenn es darum geht, dass Polizei vor Ort wirklich auf der Straße ist, dass das Mobilfunknetz funktioniert, dass also alle Themen des Zusammenhalts vor Ort, des Zusammenlebens vor Ort, das sind Themen, sie ganz häufig mit der SPD in Verbindung gebracht werden und deswegen bin ich mir sicher, wenn meine Partei eine andere Haltung annimmt, wenn wir wieder selbstbewusster, zuversichtlicher, optimistischer sind, wenn wir uns um die richtigen Themen kümmern und ansprechen, dann wird es wieder bessere Zeiten geben. Wir werden nach diesen spannenden Wochen im September eine neue Führung haben, wir haben uns programmatisch auch neu aufgestellt in den letzten Monaten, also ich bin da überhaupt nicht Angst und Bange, dass wieder bessere Zeiten für die SPD kommen."

Wenn ich mich nicht verzählt habe, hat Klingbeil bis dahin elfmal „spannend" gesagt. Wobei er im letzten Statement sein Repertoire an Adjektiven wesentlich erweitert hat, mit seinem Versprechen, die SPD werde wieder selbstbewusster, zuversichtlicher, optimistischer werden und sich um die richtigen Themen kümmern. Wobei er unerklärt ließ, warum sie das nicht schon bisher getan hat, wo doch die Themen der SPD quasi auf der Straße liegen. War denn niemand da, der sich kurz gebückt und sie aufgehoben hätte? Schulen, Polizei, Mobilfunk? Was ist das Neue an diesen Themen? Und wieso lässt er Migration und innere Sicherheit aus? Weil das keine SPD-Themen sind?

Caren Miosga setzt noch einmal nach: „Aber im Moment sind Sie gar nicht selbstbewusst und mir scheint die Verzweiflung ist ziemlich groß, oder warum dienen Sie sich jetzt den Grünen an, mit einem möglichen grün-rot-roten Bündnis im Bund?"

„Einige von uns haben auf diese Frage, die uns seit Jahren gestellt wird, so geantwortet, wie wir das seit Jahren tun, nämlich die Frage ..."

„... was antworten Sie denn?"

„... können wir uns eigentlich auch eine Koalition aus den Grünen und den Linken vorstellen? Das haben wir getan, jetzt sehen wir, wie einige hysterisch werden, auch grad von der Unionsseite, versuchen da auch die anderen Parteien zu diskreditieren. Ich habe immer gesagt, mir geht es darum, dass die SPD stark wird, das ist auch meine Aufgabe als Generalsekretär, genau an dieser Frage zu arbeiten, dann nach der nächsten Bundestagswahl werden wir gucken, klappt das mit den Grünen, klappt das mit den Linken, gibt es mit den anderen Parteien inhaltliche Überschneidungen, finden wir da wirklich ein starkes Bündnis, und dann wird entschieden, also das ist die Antwort, die Sie seit Jahren von mir und anderen hören ..."

Also, das ist jetzt wirklich spannend! Die SPD arbeitet seit Jahren an einem Bündnis mit den SED-Erben, und wir erfahren das so beiläufig in einem *Tagesthemen*-Interview mit dem jetzigen Generalsekretär der Partei?

Was lernen wir daraus? Wenn die SPD zu einer Party nicht eingeladen wird, dann ist sie dermaßen gekränkt, dass sie ihre Dienste als Kellner und Klofrau anbietet. Alles besser, als draußen vor der Tür stehen zu müssen. Zwischen Caren Miosga und mir passt kein Zigarettenblättchen.

„Richtig, seit Jahren, aber im Moment findet diese Diskussion statt, und die im Moment zu führen, ist ja ein bisschen merkwürdig, denn im Moment wäre die SPD wieder Juniorpartner unter starken Grünen und unberechenbaren Linken. Das finden Sie ernsthaft attraktiv?"

„Ich habe mal gelernt, dass man auf die Fragen, die Journalisten einem stellen, noch antwortet, und mir ist diese Frage gestellt worden, ob die Koalition mit den Linken und den Grünen, ob das eine Option nach der nächsten Bundestagswahl sein könnte, und da hab ich darauf geantwortet. Wissen Sie, ich würde mir wünschen, dass wir beispielsweise auch mal darüber diskutieren, dass die Union es nicht hinkriegt, sich von der AfD abzugrenzen, wir sehen gerade bei zwei ostdeutschen Landtagswahlen, dass die AfD immer stärker wird und keine klare Abgrenzung von der Union gefahren wird, und das sollte uns viel stärker beschäftigen als die Debatte über andere Bedürfnisse."

„Danke, Lars Klingbeil, für das Gespräch."

Ja, danke Lars, das war wirklich spannend, obwohl Du viel geredet und wenig gesagt hast. Aber das Finale war toll. Die SPD, vertreten durch Malu Dreyer, erklärt ihre Bereitschaft, sich von einer links-totalitären Sekte über den Tisch ziehen zu lassen (wie schon einmal im Jahre 1946, als aus der KPD und der SPD die SED wurde), und Lars Klingbeil möchte lieber darüber reden, dass die Union es nicht hinkriegt, sich von der AfD abzugrenzen. Wo denn, wie denn? In welchem Bundesland koaliert die Union mit der AfD? Das ist die gute alte „Haltet-den-Dieb-Methode". Selber bis zur Hüfte im Dreck stecken und anderen sagen, sie sollten ihre Schuhe putzen. Lars Klingbeil wird es in der SPD noch weit bringen.

ABM-Maßnahme

Kennen Sie den? Schlomo war noch nie in einer Oper. Würde man ihn fragen, ob er *Carmen* gesehen habe, wäre die Antwort ein Ja, das sei doch die Frau von Robert Geiss aus der RTL2-Serie *Eine schrecklich glamouröse Familie.*

Eines Tages aber läuft Schlomo an einem Plakat vorbei, auf dem mit großen Buchstaben „Othello, der Mohr von Venedig" draufsteht. Von Othello hat Schlomo auch noch nie etwas gehört, aber wie es ein Mohr bis nach Venedig geschafft hat, wo Schlomo mit seiner Rachel letztes Jahr mit TUI hingeflogen ist, das würde er schon gerne wissen.

Zwei Tage später sitzt Schlomo im Opernhaus, Parkett, 14. Reihe, Eckplatz, und schaut sich die Geschichte einer fatalen Liebe an. Nachdem Othello Desdemona erdrosselt hat, bricht Schlomo in Schluchzen aus. Warum hat er es getan? Die Frau hat ihn doch nicht betrogen! Es war doch Jago, der Intrigant, der ihn aufgestachelt hat!

Schlomo schluchzt und schluchzt, als habe er eine nahe Verwandte verloren, doch plötzlich hält er inne und sagt halblaut zu sich selbst: „Was ist eigentlich mit mir los? Er ist kein Jid, sie ist keine Jiddene. Was geht mich das überhaupt an?" Steht auf und verlässt das Theater.

Warum erzähle ich Ihnen diesen Uralt-Witz aus der Abteilung „Neues aus dem Stedtl"? Ganz einfach: Weil ich Schlomo bin. Weil ich mich täglich frage, warum ich mich über das, was in Deutschland passiert, aufrege, und warum ich mich darüber aufrege, dass ich mich aufrege. Statt aufzustehen und das Theater zu verlassen. Es müsste keine physische Flucht sein, innere Emigration würde auch reichen. Ich käme endlich dazu, all die Bücher zu lesen, die ich schon immer lesen wollte. Yuval Hararis *Kurze Geschichte der Menschheit*, Josephus Flavius' *Der jüdische Krieg*, Gabriele Tergits *Käsebier erobert den Kurfürstendamm*. Oder ein Leben auf dem Lande ohne Internet und Fernsehen, auf Hiddensee, Bornholm oder der Isle of Man, weil ich, keine Ahnung warum, schon immer ein Faible für Inseln hatte. Das kann daher kommen, dass ich selbst eine Inselbegabung bin, ein Partialidiot, der alle Songs von B.B. King kennt, aber kein einziges Instrument spielen kann.

Es ist nicht materielle Not, die mich zwingt, weiterzumachen. Es ist erstens der bedauerliche Umstand, dass ich keinen ordentlichen Beruf gelernt habe und dass mir außer Schreiben nichts Spaß macht. Und zweitens meine maßlose Eitelkeit, mein Wunsch, wahrgenommen, gehört, gelesen und verklagt zu werden. Vorzugsweise von Leuten, die mir versichern, ich wäre es nicht wert, dass sie sich mit mir beschäftigten.

Die Moderatorin eines TV-Kulturmagazins moderierte eine ihrer Sendungen mit der Frage an, ob man „Mitleid mit Henryk Broder haben" müsse. Als ich daraufhin schrieb, sie würde ihren Kopf beim Moderieren deswegen so zur Seite neigen, damit ihr kleiner Verstand sich in einer Ecke sammeln könnte, wollte sie von mir einen fünfstelligen Betrag als „Schmerzensgeld" haben.

Derzeit muss ich mich der Klage einer „Islamwissenschaftlerin" stellen, die behauptet, ich habe über sie gesagt, sie hätte „einen an der Klatsche". Statt die Frau auf den Weg der Privatklage zu verweisen, hat sich die Duisburger Staatsanwaltschaft der Sache angenommen.

Sie werden jetzt denken: Warum tut er sich so was an? Was hat er davon? – Wissen Sie was? Das frage ich mich auch. Was habe ich davon, dass ich Leute provoziere, sie als „genuin dumm" bezeichne, als einen „Doppelzentner fleischgewordene Dummheit, nah am Wasser gebaut und voller Mitgefühl mit sich selbst"?

Nun, einerseits trifft es keine Unschuldigen, sondern Personen öffentlichen Lebens, die sich durch ihre Auftritte solche Bewertungen hart erarbeitet haben, andererseits werde ich täglich der Gruppe der alten weißen Männer zugeteilt, was etwa so schmeichelhaft ist wie die Zugehörigkeit zu einer Mädchenhändler-Truppe. Es ist ein Versuch, mich – und nicht nur mich – aus dem öffentlichen Diskurs auszuschließen, aufgrund von Merkmalen, für die ich nichts kann. Ich bin von Hause aus alt, weiß und männlich. Ich bin nicht stolz darauf, aber ich sehe auch keinen Grund, mich dafür zu schämen. Ich habe noch nirgendwo gelesen, Gesine Schwan sei eine alte weiße Frau, die nach zwei gescheiterten Versuchen, Bundespräsidentin zu werden, sich damit abfinden sollte, dass sie ihre Zukunft hinter sich hat.

Natürlich frage ich mich immer wieder, was es ist, das mich antreibt. Ich versuche, mich selbst zu ergründen, was etwa so anstrengend ist wie die Reise zum Mittelpunkt der Erde. „To make the world a better place" ist nicht mein Ding. Das überlasse ich *Greenpeace*, *Robin Wood*, *Fridays for Future* und der *Deutschen Umwelthilfe*. Ich bin weder Bewährungshelfer noch Sozialarbeiter. Ich bin dafür, Menschen vor dem Ertrinken zu retten, indem man sie daran hindert, in Schlauchboote zu steigen. Fluchtursachen bekämpft man am besten, indem man Fluchtanreize minimiert. Aber das sind alles Selbstverständlichkeiten.

Eine Weile dachte ich, ich will Rache nehmen. Für meine Eltern, die mich mit Geschichten aus den KZs quälten, für meine Großeltern, die spurlos verschwunden sind, überhaupt für die sechs Millionen, die an meiner Wiege standen. Im Gegensatz zur landläufigen Meinung halte ich Rache für ein legitimes Motiv. Ich habe kein Verständnis für Eltern, die eine Stiftung zugunsten von Flüchtlingen gründen, nachdem ihre Tochter von einem Flüchtling ermordet wurde. So ein moralisches Übermenschentum ist mir verdächtig, vor allem, wenn die Eltern sich auch dagegen verwahren, dass der Tod ihrer Tochter „politisch instrumentalisiert" wird. Als ob sie es nicht selber tun würden.

Inzwischen glaube ich zu wissen, was der Subtext meiner Texte ist, was ich sagen will: Ihr, meine lieben Mitbürger, ihr seid Versager. Und wenn nicht ihr, dann eure Eltern und Großeltern. Sie haben mit den Juden das gleiche Pech gehabt wie die Türken mit den Armeniern.

Wenn man einen Job anfängt, muss man ihn zu Ende bringen, ein Völkermord ist kein Kindergeburtstag, den man abbrechen kann, wenn es zu regnen anfängt. Schafft man es nicht, müssen sich die Nachkommen immer wieder dafür rechtfertigen, was die Altvorderen angestellt haben. Die Sache ist doch ganz einfach: Hätten meine Eltern nicht überlebt, wäre ich nicht da, dann wäre Deutschland nicht ganz so bunt und vielfältig, wie es heute ist, dafür aber eine Spur harmonischer.

Es ist tatsächlich so, wie es Hans von Gluck in Fassbinders Stück *Der Müll, die Stadt und der Tod* sagt: „Und Schuld hat der Jud', weil er uns schuldig macht, denn er ist da. Wär' er geblieben, wo er herkam, oder hätten sie ihn vergast, ich könnt' heute besser schlafen. Sie haben vergessen, ihn zu vergasen. Das ist kein Witz, so denkt es in mir ...“

Für diese Sätze, die er einem Antisemiten in den Mund legte, geriet Fassbinder selber in die Kritik. Aber er war kein Antisemit, er hat nur darüber reflektiert, wie „es“ in einem Antisemiten denkt. Gestern war es das „jüdische Kapital“, heute ist es die israelische Politik, aber immer ist es der Jud, der den Antisemiten zwingt, ein Antisemit zu sein.

Nachdem Israel zwei weiblichen Abgeordneten des US-Repräsentantenhauses die Einreise zunächst verweigert hatte, setzte ARD-Chefredakteur Rainald Becker, mit letzter Tinte und vor Kühnheit zitternd, einen kurzen Eintrag auf Twitter ab: „Israel wird immer mehr zum Büttel der USA!" Dabei bezog er sich auf einen SZ-Artikel über die beiden Politikerinnen aus den Reihen der demokratischen Partei, Trump und die Nahostpolitik der USA.

Die Behauptung, Israel sei „der Brückenkopf des US-Imperialismus im Nahen Osten", ist nicht neu. Sie wird vor allem auf antiimperialistischen Kundgebungen und Plattformen verbreitet, von deutschen Palästina-Freunden, die sich mit den Opfern der israelischen Besatzung solidarisierten. Neu war, dass sich der Chefredakteur der ARD zu dieser Sicht bekannte, fröhlich und ungeniert. Den Vorwurf des Antisemitismus wies er mit dem bei solchen Gelegenheiten üblichen Standard-Argument zurück: „Kritik an Israel oder an israelischer Politik hat nichts, aber auch gar nichts, mit Antisemitismus zu tun." Er kenne „den Hintergrund der Kongressabgeordneten und ihre Meinungen und Haltungen" und finde es „grundsätzlich schwierig, wenn ein Land Menschen die Einreise verweigert, die eine nicht genehme Gesinnung haben", denn: „Wenn wir damit anfangen, dann haben wir sehr schnell eine ganz andere Welt, in der wir leben."

Nun ist Israel nicht das erste und einzige Land der Welt, das nicht jeden einreisen lässt. In China ist das ganz normal, so wie es ganz normal ist, dass nicht jeder Chinese, der eine nicht genehme Gesinnung hat, ausreisen darf. Auch die Bundesrepublik lässt, trotz ihrer ausgeprägten Willkommenskultur, nicht jeden ihre Grenzen passieren.

Es gäbe also einiges, worüber der ARD-Chefredakteur twittern könnte, um zu verhindern, dass wir eine ganz andere Welt bekommen, als die, in der wir leben. Und deswegen fängt er bei Israel an, dem Land, das „immer mehr" zum Büttel der USA wird, was ja bedeutet, dass es schon immer ein Büttel der USA war.

Das ist aber noch nicht die Pointe. Die lieferte der ARD-Chefredakteur eigenhändig nach, als er seinen Tweet gegenüber der *dpa* neu paraphrasierte. Twitter sei „ein Kurznachrichtendienst", deshalb sei das „mit der ausführlichen Argumentation immer schwierig". Und: „Ich würde es im Nachhinein vielleicht eher auf Trump zuspitzen und nicht von ‚den USA' sprechen. Und ich würde wohl auch nicht das Wort Büttel benutzen, das heutzutage vielleicht nicht mehr jedem geläufig ist, man kann auch von ‚Handlanger' oder ‚Gehilfe' sprechen." – Das war alles, was Rainald Becker dazugelernt hatte. Trump statt USA und Handlanger statt Büttel. Trottel klingt doch viel netter als Idiot!

Eigentlich wäre das ein Fall für einen der inzwischen elf oder zwölf Antisemitismus-Beauftragten des Bundes und der Länder. Wenn die sich mal untereinander darauf verständigen könnten, was sie unter Antisemitismus verstehen wollen. Aber das schaffen sie nicht, denn jeder hat seine eigene Agenda. Der Antisemitismus-Beauftragte von Baden-Württemberg möchte gleich „global" aktiv werden, und das auf einem Gebiet, von dem er noch weniger Ahnung hat, als vom Antisemitismus: „Wenn wir den Antisemitismus global und glaubwürdig bekämpfen, für

Demokratie und Rechtsstaatlichkeit einstehen wollen, dann muss dies auch stärkere Anstrengungen für die Wende zu erneuerbaren Energien und die Dekarbonisierung bedeuten. Die Verfeuerung fossiler Rohstoffe vergiftet nicht nur Umwelt und Klima, sondern verformt auch Gesellschaften, Staaten und religiöse Lehren ins Autoritäre."

Was will uns der Antisemitismus-Beauftragte des Landes Baden-Württemberg damit sagen? Die „Machtergreifung", der Zweite Weltkrieg und die deutsche Teilung wären uns erspart geblieben, wenn die Wende zu erneuerbaren Energien und Dekarbonisierung schon in den 20er Jahren begonnen hätte? War die Verfeuerung fossiler Rohstoffe nur das Vorspiel zum Dritten Reich? Und auf die Gegenwart bezogen: AfD-Anhänger und andere Antisemiten erkennt man daran, dass sie Autos mit Verbrennungsmotoren fahren. Tesla-Fahrer sind dagegen über jeden Verdacht erhaben.

Jetzt habe ich mich verrannt! Ich wollte nicht schon wieder beim Antisemitismus landen. Auch nicht bei den Beauftragten für die Wartung dieses Phänomens. Der „Kampf gegen den Antisemitismus", bei dem die Islamophobie und die Homophobie gleich mitbekämpft werden, ist eine ABM-Maßnahme, ebenso wie der „Kampf gegen die Klimakatastrophe". Und so wie alle Jahre wieder dem deutschen Wald die Sterbeglöckchen läuten, so erwacht der „neue" Antisemitismus alle paar Jahre wieder zu einem neuen Leben. Worauf alle, von den Anonymen Alkoholikern bis zum Zentralrat der Juden „Wehret den Anfängen!" rufen. Doch kaum jemand sieht einen Zusammenhang zwischen der Zuwanderung von Menschen aus antisemitisch geprägten Kulturen und der Zunahme antisemitischer Vorfälle in den Grenzen der Bundesrepublik. Exzessive Israel-„Kritik" und Debatten über das „Existenzrecht Israels" werden nicht als judenfeindliche Kundgebungen wahrgenommen, denn das ist ja Politik. Wenn aber ein orthodoxer Rabbiner auf dem Heimweg von seiner Synagoge bespuckt und „antisemitisch beleidigt" wird, eilt der Bundespräsident in das Haus des Rabbiners, um ihm zu versichern, wie „abscheulich" er, der Präsident, das findet, was ihm, dem Rabbiner, passiert sei. Ein paar Tage später empfängt derselbe Präsident den neuen iranischen Botschafter mit allen protokollarischen Ehren. Ich weiß, das ist so üblich, ich finde es trotzdem zum Kotzen, weil es der Vertreter eines Regimes ist, das Israel gerne von der Landkarte bzw. aus der Geschichte löschen möchte – von den Grausamkeiten, die es im eigenen Lande verübt, nicht zu reden. Inzwischen ist mir jeder ehrliche Antisemit, der „Israel ist unser Unglück!" schreit, lieber als diese verlogene Bagage, die zu Klezmer-Klängen um tote Juden trauert, insgeheim aber hofft, dass die Araber oder die Iraner den Job zu Ende bringen, den die Nazis nicht vollenden konnten und damit den Nahen Osten befrieden.

Worauf ich hinauswollte, bevor ich abgebogen bin: Ich habe kein Problem mit Menschen, die mich nicht mögen. Ich sage nicht, dass es Antisemiten sind. Einige sind es, die meisten würden mich auch dann nicht mögen, wenn ich einen lupenreinen arischen Stammbaum hätte. Freud würde sagen: „Manchmal ist eine Zigarre nur eine Zigarre."

Mit 73 mache ich mir keine Illusionen mehr. Ich bin auf dem Boden der Realität angekommen. Ich habe mich lange angedient und angebiedert, bis mir irgendwann klar wurde, dass es nichts bringt, einer Gesellschaft in den Hintern zu kriechen, die einen künstlichen Darmausgang hat.

Dabei habe ich mich so gut integriert. Noch ein, zwei Jahre, und ich wäre ein vorbildllicher Deutscher geworden.

Schuft, Duuu!

Der Verein *Gesicht zeigen! Für ein weltoffenes Deutschland* ist ein „Team", das für „Respekt und Toleranz" steht und gegen „Rassismus, Antisemitismus und rechte Gewalt". So steht es zumindest auf der Seite des Vereins, der im Jahre 2000 von Uwe-Karsten Heye, Paul Spiegel und Michel Friedman gegründet wurde, um „für ein weltoffenes und tolerantes Deutschland einzutreten". Der Verein „initiiert öffentliche Kampagnen für Zivilcourage, die von zahlreichen Prominenten unterstützt werden", „entwickelt und unterstützt Projekte und Aktionen, die Vorurteile abbauen und das Miteinander fördern", und versteht sich als Teil der *Initiative Transparente Zivilgesellschaft*, die ihrerseits gemeinnützige Organisationen zertifiziert: *Gesicht zeigen!* macht Wind, redet darüber und „bringt Menschen zusammen – für ein weltoffenes Deutschland!".

Dabei kommen alle Kampfbegriffe des organisierten Gutmenschentums zum Einsatz: Man ist tolerant und weltoffen, tritt Antisemitismus, Rassismus und rechter

Gewalt entgegen, stärkt die Zivilcourage, fördert das Miteinander und baut Vorurteile ab. Fehlt da nicht etwas? Zum Beispiel das Adjektiv „nachhaltig"? Ja, aber das kann nur dem Zufall geschuldet sein. Absichtlich weggelassen wurde dagegen die „linke Gewalt", denn die ist ja gut gemeint und richtet sich gegen „rechts", trifft also keine Unschuldigen.

Nun stehen in Brandenburg und Sachsen nicht nur Landtagswahlen vor der Tür, sondern auch die Nazis.

Es gilt, einen Supergau zu verhindern.

Am 20. August 2019 verbreitete *Gesicht zeigen!* einen Aufruf, der so gaga, so hysterisch und so jenseits von allem ist, dass ich ihn im Wortlaut wiedergeben möchte. Hier die ersten sechs Absätze:

1929 begann der Siegeszug der Nazis: mit einer Verdreifachung der Stimmen bei der Landtagswahl in Sachsen. 2019 liegen die neuen Rechten in Umfragen genau dort wieder vorn, bei rund 25 %. Geschichte darf sich nicht wiederholen!

Darum startet jetzt ein Wahlkampf, wie es ihn so noch nicht gab – und den es dringender braucht denn je: 25 gegen 25 %!

Nicht mit Politikern und typischen, abgegriffenen Wahlparolen, sondern mit Menschen wie du und ich. Von 23 bis 74 Jahren, von überallher aus allen 5 Kontinenten. Genauso bunt wie unsere Gesellschaft sind auch die Wahlplakate, die großflächig in Leipzig, Dresden, Chemnitz, Potsdam und Berlin plakatiert werden 2 Wochen vor den Landtagswahlen in Sachsen und Brandenburg. Mit weltoffenen Statements und smarten Fragen mischen sie den Wahlkampf auf wie z.B. „Simpsons.

*Schlümpfe. Hulk. Hast du ein Problem mit Hautfarben?",
„Nehmt den Nazis die Arbeitsplätze weg! Wählt sie aus dem
Landtag." und „Deutschland mit Döner ist schöner.".*

*Dazu läuft ein Wahlwerbespot in Social Media, in dem
Adolf Hitler überraschend Kontra gegeben wird. Und zwar
von einem jungen Wähler aus der heutigen Zeit, der sich ins
Original Nazi-Propaganda Material geschummelt hat.*

*Die Gesichter der Kampagne Mein Wahl-Kampf – gegen
Rechts sind Menschen, denen es besonders am Herzen liegt,
dass Deutschland weltoffen bleibt und nicht im braunen Sumpf
versinkt. Alle, die hier leben und sich in einem toleranten und
vielfältigen Land zuhause fühlen wollen. Egal, ob sie aus China,
Sri Lanka, USA, Ecuador, Frankreich, Spanien, Rumänien,
Bulgarien, Italien, Kroatien, Russland, Türkei, Marokko, Angola, Neuseeland, Indonesien oder eben Deutschland kommen.*

*Gemeinsam rufen sie dazu auf, am Wahlsonntag Gesicht
zu zeigen für Vielfalt und Toleranz und demokratische, weltoffene Parteien zu wählen. Denn: „Der Unterschied zwischen
der Wahl 1929 und 2019? Du."*

Ich bin emotional nicht in der Lage, diesen Schwachsinn
Satz um Satz zu analysieren, ich käme mir vor, als würde
ich versuchen, die Behauptung zu widerlegen, an allen
Übeln dieser Welt seien die Juden und die Zuckerbäcker
schuld. Ich wüsste auch nicht, wo ich anfangen sollte. Bei
der Behauptung, der Siegeszug der Nazis habe 1929 mit
der Wahl zum sächsischen Landtag begonnen, bei der die
SPD mit 34,3 Prozent die stärkste Fraktion wurde und die
NSDAP grade mal 5 Prozent abbekam, wobei von einer

„Verdreifachung der Stimmen" keine Rede sein kann, weil die Nazi-Partei an der vorausgegangenen Wahl 1926 gar nicht teilnahm?

Bei der Aussage, jetzt würde ein Wahlkampf starten, wie es ihn noch nicht gegeben hat, nicht mit Politikern und typischen, abgegriffenen Wahlparolen, sondern mit Menschen wie du und ich? Menschen, denen es besonders am Herzen liegt, dass Deutschland weltoffen bleibt und nicht im braunen Sumpf versinkt. Menschen, die aus China, Sri Lanka, USA, Ecuador, Frankreich, Spanien, Rumänien, Bulgarien, Italien, Kroatien, Russland, Türkei, Marokko, Angola, Neuseeland, Indonesien kommen, einige sogar aus Deutschland?

Als Beutedeutscher mit polnisch-jüdischen Wurzeln frage ich mich, warum in der Liste der Gesicht-Vorzeiger meine Gruppe nicht vorkommt. Und wer sich die Parole „Deutschland mit Döner ist schöner" ausgedacht hat, die ebenso idiotisch ist, wie es die Losung „Nimm ein Messer und alles wird besser!" wäre, wenn irgendein Dummbatz sie in die Welt gesetzt hätte? Und am Ende würde ich dann Dieter Bohlen um Hilfe bitten, dem wir die Erkenntnis verdanken: „Das Problem ist: Mach einem Bekloppten klar, dass er bekloppt ist."

Ja, das ist tatsächlich die Mutter aller Fragen. Wie macht man einem/einer Bekloppten klar, dass er/sie bekloppt ist? Nicht nur minderjährige Fanatiker und Fanatikerinnen, die mit einem Segelboot von Southampton nach Amerika cruisen, sondern auch ganz normalen Menschen, die 74 Jahre nach dem Ende des Dritten Reiches Videos

151

produzieren und verbreiten, in denen Adolf Hitler überraschend Kontra geboten wird.

Das ist nicht, wie man auf den ersten Blick annehmen könnte, einer der tragikomischen Versuche, die Uhr zurückzudrehen. Es ist eine tiefe Verbeugung vor Onkel Adolf und den Seinen, die umso präsenter werden, je länger sie tot sind. Wenn man den kurzen „Wahlwerbespot" für Vielfalt und Toleranz und demokratische, weltoffene Parteien gesehen hat, dann weiß man, wovon Antifaschisten und Antifaschistinnen heute tagträumen: Einmal im Leben dem Führer entgegentreten und ihm ins Gesicht zu sagen: „Nicht mit mir, Du Schuft, mit mir nicht!"

Dann würde es sich der Führer gut überlegen, ob er mit seiner Revue „Heute gehört uns Deutschland und morgen die ganze Welt" weiter macht oder ob er lieber kapituliert und die Macht an den eingetragenen, gemeinnützigen und weltoffenen Verein *Gesicht zeigen!* abgibt.

Betreute Demokratie

Der Begriff „Demokratiekrise" hat gute Chancen, zum Wort oder auch Unwort des Jahres gewählt zu werden. Kein Kommentar, kein Leitartikel, kein *Wort zum Sonntag*, in dem die „Krise der Demokratie" nicht beschworen würde, mitsamt ihren schrecklichen Folgen: Die Gesellschaft verliere ihren Zusammenhalt, statt miteinander zu reden, führten alle nur noch Selbstgespräche, es gebe nichts mehr, worauf man sich einigen könnte, die Bevölkerung bzw. das Volk verliere das Vertrauen in die Regierenden, kurzum, es gehe alles den Bach runter, so schnell, dass selbst die klügsten Köpfe des Landes mit ihren Analysen nicht Schritt halten können.

Da ist auch was dran. Wenn eine Regierung nicht dem Volke dient, sondern das Volk bittet, der Regierung hilfreich beizustehen, wenn das Parlament sich selbst entmachtet und alles abnickt, was die Regierung tut oder unterlässt, und wenn das Gewaltmonopol des Staates privatisiert wird, kann schon der Eindruck entstehen, dass irgendetwas nicht so funktioniert, wie es sollte. Mag sein, dass es für das, was wir grade erleben, noch keinen Begriff gibt, „Demokratiekrise" dürfte aber das falsche Etikett sein.

Denn Demokratie ist Krise in Permanenz, kein Ausnahme-, sondern ein Dauerzustand. Eine krisenfreie Demokratie kann es nicht geben, und so wie man den „Missbrauch" der Meinungsfreiheit durch Fake News, Hetze und Propaganda nur verhindern kann, indem man die Meinungsfreiheit abschafft, kann man Demokratiekrisen nur vermeiden, indem man die Demokratie für obsolet erklärt. Ein bisschen Demokratie gibt es nicht, „Demokratie light" auch nicht. Und wer von einer „gelebten Demokratie" spricht, der denkt schon über deren baldiges Ende nach.

Man kann auch in einer Diktatur gut und gerne leben, einfacher und bequemer als in einer Demokratie, solange man mit allem einverstanden ist, was die Regierung dem Volk verordnet. Eine Diktatur bedeutet nicht automatisch Gulag und KZ, Gestapo und Stasi. Es kann auch „kommode" Diktaturen geben, die sich um ihre Bürger kümmern, sie gut versorgen und sogar „konstruktive Kritik" zulassen, solange die Bürger das System, in dem sie leben, nicht in Frage stellen. Woran sich manche Bürger der ehemaligen DDR gerne erinnern, war die Nestwärme der privaten Existenz – wie man sich gegenseitig geholfen hat und einfach hingegangen ist, wenn man jemand treffen wollte, ohne vorher anrufen zu müssen, weil kaum jemand ein Telefon daheim hatte.

Jetzt hat jeder ein Handy und jammert über Einsamkeit und Entfremdung.

Das Klagen über die Demokratiekrise gleicht einem nostalgischen Stöhnen. Waren das noch Zeiten, als es nur ein Fernsehprogramm gab, das um Mitternacht mit dem Deutschlandlied beendet wurde, VW nur zwei Modelle produzierte und im Bundestag nur drei Parteien saßen, von denen die kleinste entscheiden konnte, wer in Bonn die Regierung bilden durfte. Jede Erinnerung verklärt, die eigene Kindheit ebenso wie die des ganzen Landes.

Wer sich noch an den *Internationalen Frühschoppen* mit Werner Höfer erinnern kann, der weiß, dass es auch in den Flegeljahren der Republik keine krisenfreie Zeit gegeben hat und dass jede Krise ein Anlass war, über eine Demokratiekrise zu spekulieren.

Als Adenauer das sowjetische Angebot einer „Wiedervereinigung" ablehnte; als der Westen ratlos zusah, wie die Mauer gebaut wurde; als die Bundesregierung gegen den *Spiegel* vorging, weil das Magazin den Zustand der Bundeswehr „bedingt abwehrbereit" genannt hatte; als die RAF Politiker und Wirtschaftsmanager entführte und ermordete; als Hunderttausende gegen den Nato-Doppelbeschluss auf die Straße gingen; als „Radikalen" der Eintritt in den öffentlichen Dienst verwehrt wurde. „Das ist die Transzendenz der Krise, mal hab ich se, mal ham Sie se", spottete der Berliner Anarchist Wolfgang Neuss in den 70er Jahren.

Seitdem hat sich vieles, fast alles geändert. Geblieben ist nur die Frage: „Ist das noch eine Demokratie oder schon die Ouvertüre zu einem Vierten Reich?". Wenn in Hamburg, wie neulich geschehen, 10.000 „Antifas" („Bunt statt Braun") aufmarschieren, um weniger als 200 „Faschos" („Merkel muss weg") den Weg zu versperren, dann findet das kaum jemand einfach nur lächerlich oder stellt fest, dass ohne die Hilfe der „Antifas" der Umzug der „Faschos" unbemerkt geblieben wäre. Im Gegenteil. Die „Omas gegen Rechts" und die „Hamburger Stimmen für Vielfalt" und „gegen rechte Hetze" werden gefeiert, als hätten sie einen Reichsparteitag der NSDAP verhindert und damit die Demokratie gerettet. Es war noch nie einfacher, ein Held und ein Nazigegner zu sein. Es genügt, „Ganz Hamburg hasst die AfD!" zu rufen.

Die Strategie, Gefahren zu imaginieren oder auf die größtmögliche Leinwand zu projizieren, um sich bei ihrer Abwehr hervorzutun, ist nicht neu. Auch der „antifaschistische Schutzwall" sollte das Eindringen von Feinden der Demokratie und des Sozialismus verhindern.

Heute sind es Hunderte von Initiativen und NGOs, die ihre Existenzberechtigung daraus beziehen, dass sie „Demokratie leben", „Gesicht zeigen" und „Mut gegen rechte Gewalt" einfordern. Was aber irgendwie nicht zum gewünschten Erfolg führt und weswegen immer mehr Initiativen und NGOs gegründet werden, die das in die Tat umsetzen, was Politiker den „Aufstand der Anständigen" nennen.

So betrachtet, kann von einer „Demokratiekrise" eigentlich keine Rede sein, im Gegenteil. Mehr und mehr Menschen nehmen am politischen Diskurs teil, am Arbeitsplatz, auf der Straße, im Netz; keine Meinung, die nicht sofort eine Gegenmeinung provozieren würde; nicht alle Auseinandersetzungen finden auf einem sprachlich hohen Niveau statt, aber das war noch nie der Fall.

Neu ist, um ein Bild aus der Welt des Fußballs zu benutzen, dass heute sogar Spiele aus der dritten Kreisklasse zur Prime Time gezeigt werden, also auch eine Demo, die in Hückeswagen stattfindet, gute Chancen hat, in den *Tagesthemen* vorzukommen.

„Die Demokratie ist keine Boutique, in der die Waren nach Größen und Farben sortiert in den Regalen liegen", sagt der Schweizer Kolumnist Frank A. Meyer, „die Demokratie ist eine Werkstatt, in der gehämmert und geschweißt wird, in der die Funken fliegen und die auch mal ausgekehrt werden muss".

In Deutschland stellt man sich Demokratie gerne wie einen Kindergeburtstag mit alkoholfreien Getränken und veganen Würstchen vor. Streit, der Lebenssaft der Demokratie, soll nur wohldosiert verabreicht und konsumiert werden.

Während sich die Gesellschaft demokratisiert, versucht die Politik, dagegen zu halten. Bundespräsident

Steinmeier hat vor Kurzem in einer Rede vor Politik-
wissenschaftlern behauptet, die Debatte über die Demokratie in Deutschland sei von einer „merkwürdigen Lust
am Untergang" getrieben, man könne die Demokratie
auch „krankschreiben und in die Depression hineinre-
den". Und: „Auch in unserem Land beobachten wir heute
eine Dauerempörung, eine sozialmoralische Rage, mit
der Gruppen regelrecht gegeneinander in den Kulturkampf ziehen."

Nun, wenn es in der heutigen Bundesrepublik tatsächlich eine Dauerempörung gibt, die zu einem Kulturkampf
eskaliert, dann muss das nichts mit einer merkwürdigen
Lust am Untergang zu tun haben, sondern eher mit der
Politik der Regierung, mit der immer mehr Bürgerinnen
und Bürger nicht einverstanden sind.

Ein in einer Demokratie ganz normaler Vorgang, der
üblicherweise zu Neuwahlen führen sollte, nicht aber zu
einer Wählerbeschimpfung, in der den Bürgerinnen und
Bürgern mitgeteilt wird, dass sie es sind, die nicht richtig
ticken. Das ist Hochmut im Amt, der nur dafür sorgt,
dass die Dauerempörung lauter wird.

Es sieht aus, als wäre das neue Deutschland, die Berliner Republik, auf dem Weg in eine betreute Demokratie.
Wer die Regierung kritisiert, ist noch kein Staatsfeind,
aber er macht sich schon verdächtig, eine pumperlgesunde
Demokratie in eine Depression zu treiben.

Ein bestehendes System krankzuschreiben, kann der
erste Schritt zur Genesung sein. Es gesundzubeten, kann
nur fatal enden.

Geistliches Angebot

Nur wenige Wochen, bevor Ursula von der Leyen die Führung des Verteidigungsministeriums aufgab, um Vorsitzende der EU-Kommission zu werden, erließ sie einen „Tagesbefehl", der sich darauf bezog, dass die Bundeswehr „vielfältiger geworden" sei. Hier der Wortlaut:

Soldatinnen und Soldaten, zivile Mitarbeiterinnen und Mitarbeiter!

Seit über 60 Jahren begleiten katholische und evangelische Seelsorger unsere Soldatinnen und Soldaten der Bundeswehr im Alltag und in den Einsätzen. Sie stehen unseren Männern und Frauen in Uniform in besonders schweren Lebenssituationen zur Seite. Sie sind gefragte Ansprechpartner gläubiger Soldatinnen und Soldaten wie auch für diejenigen, die sich nicht zu einer Religion bekennen.

Waren bei der Einführung der Militärseelsorge noch 98% der Soldatinnen und Soldaten Angehörige der christlichen Kirchen, sind es heute nur noch etwa die Hälfte. Die Bundeswehr ist vielfältiger geworden, und wir wissen, dass mittlerweile viele jüdische und muslimische Kameradinnen und Kameraden zu uns zählen. Auch sie haben einen im Soldatengesetz verankerten Anspruch auf Seelsorge.

Bereits heute besteht für jede Soldatin und jeden Soldaten die Möglichkeit, am Zentrum Innere Führung in Koblenz ein seelsorgerliches Angebot außerhalb der Bundeswehr vermittelt zu bekommen. Doch möchte ich die Möglichkeiten der seelsorgerlichen und geistigen Begleitung für unsere Soldatinnen und Soldaten weiter verbessern.

Deshalb werden wir die Militärseelsorge innerhalb der Bundeswehr erweitern. Ich habe entschieden, eine jüdische Seelsorge in der Bundeswehr einzurichten.

Nach rund 100 Jahren sollen wieder Militärrabbiner in deutschen Streitkräften Dienst tun. Hierzu streben wir einen Staatsvertrag zwischen der Bundesrepublik Deutschland und dem Zentralrat der Juden als Vertreter der jüdischen Gemeinschaft in unserem Land an. Dies entspricht der für die katholische und evangelische Militärseelsorge gewählten Form. Erste Gespräche sind dazu bereits erfolgt.

Der Zentralrat der Juden in Deutschland soll künftig Kandidaten für Militärrabbiner vorschlagen, die Auswahl erfolgt letztendlich durch die Bundeswehr. Die Seelsorger sollen bei Bedarf auch in die Einsatzgebiete der Bundeswehr reisen. Deshalb wird im Rahmen der Auswahl der Seelsorger auf die gesundheitliche und fachliche Eignung ebenso Wert gelegt wie auf eine Sicherheitsüberprüfung. Die fachliche Aufsicht über das theologische Wirken soll beim Zentralrat liegen, die Dienstaufsicht über die Arbeit der Militärrabbiner bei der Bundeswehr. Für den Anfang soll eine niedrige einstellige Zahl an Militärrabbinern eingestellt werden, um Erfahrungen mit dem neuen Angebot zu sammeln.

Auch für die Muslime in der Bundeswehr soll ein geistliches Angebot geschaffen werden. Mangels einer zentralen Institution, die in Deutschland mit der notwendigen Repräsentativität für die muslimischen Glaubensrichtungen sprechen könnte, kann jedoch bereits aus rechtlichen Gründen gegenwärtig kein Staatsvertrag geschlossen werden. Damit die muslimischen Soldatinnen und Soldaten in der Bundeswehr mit Sorgen und

Nöten in Bezug auf ihren Glauben dennoch feste Ansprechpartner erhalten, sollen muslimische Geistliche über so genannte Gestellungsverträge an die Bundeswehr gebunden werden.

Folgende Voraussetzungen für islamische Militärseelsorger wurden im Rahmen der Deutschen Islamkonferenz einvernehmlich formuliert: Ein muslimischer Militärseelsorger in der Bundeswehr muss die deutsche Sprache in Wort und Schrift beherrschen, einen in Deutschland anerkannten Hochschulabschluss in islamischer Theologie besitzen, über eine seelsorgliche oder gemeindliche Erfahrung in Deutschland verfügen und von islamischen Religionsgemeinschaften, die die Zielgruppe der Soldatinnen und Soldaten repräsentieren, in die Bundeswehr entsandt und seitens der Bundeswehr akzeptiert werden. Die Gespräche, wie das praktisch umsetzbar ist, werden wir zeitnah aufnehmen.

Wir sind stolz darauf, dass die Bundeswehr die Vielfalt unserer Gesellschaft widerspiegelt. Die Erweiterung der Militärseelsorge trägt den Veränderungen in unserer Gesellschaft und in unseren Streitkräften Rechnung. Und sie ist ein starkes Zeichen unserer Bundeswehr für religiöse Toleranz sowie gegen Rassismus und Antisemitismus.

Dr. Ursula von der Leyen
Bundesministerin der Verteidigung

Ich will die Verdienste der ehemaligen Verteidigungsministerin nicht schmälern. Sie hat viel für die Bundeswehr getan: „Betriebliche Kitas" und gleitende Arbeitszeiten in den Kasernen eingeführt, Umstandsuniformen für schwangere Soldaten und Soldatinnen beschafft und vieles mehr, um die Bundeswehr „zu einem der attraktivsten Arbeitgeber in Deutschland zu machen", wobei es ihr vor allem um die „Vereinbarkeit von Dienst und Familie" ging, denn: „Unsere Soldatinnen und Soldaten lieben ihren Beruf, aber sie möchten auch, dass ihre Ehen halten und sie ein glückliches Familienleben führen."

Die Berufung jüdischer und muslimischer „Seelsorger" ist da nur ein weiterer Schritt zu einer Wohlfühlarmee, die ein Spiegelbild der Gesellschaft sein will. Offen, tolerant und vielfältig. Eine Armee, die alle Menschen so annimmt und respektiert, „wie sie sind", egal, ob sie nun schwul, lesbisch, transsexuell oder heterosexuell sind – sie sind uns mit ihrem Können willkommen", so die Ministerin anlässlich der Eröffnung eines „Workshops der Bundeswehr zur sexuellen Orientierung" Anfang 2017.

Das ist ehrenwert und verdient Anerkennung. Die Frage ist nur, ob Ursula von der Leyen über die Folgen ihrer sogenannten „Attraktivitätsoffensive" nachgedacht hat. Was werden die jüdischen und muslimischen Seelsorger ihren Glaubensbrüdern und -schwestern raten, wenn die einen z.B. koscher essen und die anderen nicht nackt duschen möchten? Juden und Muslime können in solchen Fragen recht eigensinnig sein. Werden die „Seelsorger" darauf bestehen, dass ihre Schäfchen sich den geltenden Regeln anpassen oder werden sie der Bundeswehr nahelegen, nur noch koscher bzw. halal zu kochen und Badeanzüge für alle anzuschaffen?

Wäre Ursula von der Leyen nicht inzwischen nach Brüssel berufen worden, gäbe es wohl längst eine Kommission, die sich mit dieser Frage beschäftigen würde. So wird es vermutlich aber nur einen neuen „Tagesbefehl" ihrer Nachfolgerin, Annegret Kramp-Karrenbauer, geben, dass Soldaten und Soldatinnen kein Essen in die Duschen mitnehmen bzw. beim Duschen nicht essen sollen. Und dass bei Sturm und Regen die Manöver in der Halle stattfinden, damit auch die Ehepartner daran teilnehmen können.

Störfaktor

Luisa Neubauer, 23, Studentin der Geografie, Stipendiatin der Heinrich-Böll-Stiftung, Jugendbotschafterin der entwicklungspolitischen Lobby- und Kampagnenorganisation ONE, Delegierte der Deutschen Gesellschaft für die Vereinten Nationen beim Weltklimagipfel in Kattowitz, streitet für eine „wohlhabende, glückliche, liebende Gesellschaft, die ohne CO_2-Emissionen leben kann". Ich finde das sehr ehrenwert und sympathisch, weil ich viele Leute kenne, die wohlhabend, aber meist unglücklich sind, wobei ich allerdings die CO_2-Emissionen nicht für die Ursache ihres Unglücks halte. Es sind die Ehen, die sie führen, die Jobs, unter deren Last sie zusammenbrechen und die Fernreisen, von denen sie noch frustrierter heimkehren, als sie hingefahren sind.

Vor Kurzem war Luisa Neubauer Gast in den *Tagesthemen*, moderiert von Caren Miosga. Luisa Neubauer sei, sagte Caren Miosga, „eine der Hauptorganisatorinnen in

Deutschland bei *Fridays for Future* und jetzt zu Besuch in unserem Studio, Hallo, Frau Neubauer".

„Hi", hauchte daraufhin Luisa Neubauer, und Caren Miosga setzte zu ihrer ersten Frage an.

„Dass sich nun fast alle Parteien einen grünen Anstrich geben, sich gegenseitig überbieten mit Klimaschutzideen, klopfen Sie sich da selbst auf die Schulter und sagen: Läuft doch!"

Luisa Neubauer denkt einen Moment nach. „Ja und nein. Das kommt auf die Perspektive an, schätze ich. Gemessen daran, was die Parteien in der Vergangenheit gemacht haben, praktisch in den letzten 30 Jahren, ist es sicherlich ein erster Schritt. Gemessen daran, wo wir hinmüssen, dass es nicht reicht, übers Klima zu reden, sondern dass wir tatsächlich Taten brauchen, bringt es erstmal gar nichts."

„Hmm, hmm", grummelt Caren Miosga. „Man kann viele tolle politische Ideen haben, wenn der Verbraucher nicht mitmacht, und das ist ja auch ein wichtiger Akteur, und da sagen die Statistiken im Moment, wir essen kaum weniger Fleisch, wir fliegen mehr, unter den Vielfliegern sind übrigens auch viele junge Leute, und zwei von drei Deutschen sagen im *ARD-Deutschlandtrend* Nein zu einer Steuer auf CO_2."

Mit einer solchen Frage hatte Luisa Neubauer offenbar nicht gerechnet. Nicht in den *Tagesthemen* und nicht von Caren Miosga. „Ich glaube, an der Stelle kommt es auf die Kreativität in der Politik an und auf die Frage, wie schaffen es politische Entscheidungsträgerinnen und Entscheidungsträger, den Gestaltungsraum so auszunutzen, dass Menschen tatsächlich sich mit dem Klimaschutz anfreunden können, da spielen Narrative eine ganz große Rolle, wie verkaufen wir Klimaschutz, nicht indem wir sagen, wir beschützen euch vor dem Klimaschutz und beschützen dagegen euren Wohlstand, sondern indem man Narrative schafft, die Menschen mitreißen und den Klimaschutz als die Zukunftsversion verkaufen und anbieten, die Lust macht auf morgen."

Das hätte auch Svenja Schulze so sagen können, die charismatische Ministerin für Umwelt, Naturschutz und nukleare Sicherheit, die Luisa Neubauer in 10 bis 15 Jahren gerne beerben möchte, weswegen sie heute schon so redet, als müsste sie morgen ihre Bewerbung für das Amt abgeben. Entscheidungsträgerinnen und Entscheidungsträger ..., Gestaltungsraum ..., Narrative ..., Zukunftsversion verkaufen ..., Lust auf morgen. – Wie kann eine gutaussehende, vermutlich überdurchschnittlich intelligente junge Frau so blöd daherreden? Und wie kann eine, die so redet, es so weit bringen, dass sie auf der RWE-Hauptversammlung eine Rede halten darf und seriöse Medien wie die *Welt* und die *Zeit* dahinschmelzen? „Luisa Neubauer hält die geplanten Klimamaßnahmen der Bundesregierung für unzureichend ...", „Luisa Neubauer trifft Christian Lindner, es wird eine Diskussion auf Augenhöhe ...", „Neubauer fordert Abschaltung erster Kohlekraftwerke noch in diesem Jahr ..." Who, the fuck ist Luisa Neubauer, die uns „Lust auf morgen" machen möchte? Da ich Gedanken lesen kann, sehe ich, dass es in Caren Miosga genauso denkt.

„Aber jetzt schieben Sie das ganz auf die Politik. Wie erklären Sie sich, dass Menschen fürs Klima sind und für den Klimaschutz, aber bitte nicht bei mir im Vorgarten?"

Und siehe da, Luisa Neubauer, das deutsche Gesicht der *Fridays-for-Future*-Bewegung, wechselt von der Überholspur in den Schleudergang.

„Naja, zum einen die großartige Frustration darüber, dass ich im Einzelnen mir ganz, ganz viel Mühe geben kann, aber dass es alles nichts bringt, ich gemütlich alles vor mich her sortieren kann an Müll und meine veganen Snacks kaufen kann, aber gleichzeitig die Massenproduktion weiter subventioniert wird, die Emissionen global steigen, der Verkehr nicht weniger wird, das heißt, an der Stelle stellt sich die Frage, wie motiviert man Menschen für solche Maßnahmen, wenn so schnell diese Frustration einsteigt."

„Hmm, hmm", grummelt wieder Caren Miosga. „Kommen wir mal zu Ihren Forderungen. *Fridays for Future* fordert 180 Euro Steuer auf jede Tonne CO_2. Zum Vergleich, die Grünen wollten nur 40 Euro pro Tonne. Wie sollen das Leute bezahlen, die alte Ölheizungen haben und ein altes Auto?"

„Die 180 Euro, das fordert nicht *Fridays for Future*, das ist ein Vorschlag vom Bundesumweltamt ... das wurde grade auf dem Kongress auch deutlich gesagt ... wir fordern es nicht, weil wir das ausdenken, sondern weil sich das Bundesumweltamt diese Zahlen errechnet hat. Das sind die realen Kosten für eine Tonne CO_2."

Und was das Bundesumweltamt in Dessau errechnet hat, muss stimmen, denn das BUW ist eine nachgeordnete

Behörde des Bundesumweltministeriums, dessen Mitarbeiter allein von Januar bis Juli 2019 zwischen den Standorten Bonn und Berlin 1.740 mal dienstlich hin- und hergeflogen sind. Im Jahre 2018 waren es von Januar bis Dezember 2.755 Flüge. Klimatechnisch betrachtet wäre es natürlich vernünftig, beide Standorte zusammenzulegen, aber das ist ein No Go im Politikbetrieb, egal, wie viele reale Kosten für eine Tonne CO_2 anfallen. Zwei Standorte sind besser als einer, zumindest so lange, wie sich die Idee der Videokonferenz nicht durchgesetzt hat. Was sagt Luisa Neubauer dazu?

„Wir sagen, Moment Deutsche, wenn der Preis unter 180 Euro liegt, da bleiben Kosten im Raum stehen, und wer trägt diese Kosten? Das tragen wir, die junge Generation, die morgen vor diesem Theater stehen werden. Das heißt, alles was niedriger als 180 Euro ist, muss in irgendeiner Form kompensiert werden, das ist, was wir fordern. Wir sagen nicht, belastet jetzt die Familien mit weniger Geld, sondern wir sagen, werdet kreativ, tobt euch aus, findet Mittel und Wege, den Klimaschutz angemessen, angemessen an der Krisenrealität, durchzusetzen und trotzdem den gesellschaftlichen Zusammenhalt zu ermöglichen."

Caren Miosga schaut, als ob sie noch nicht ganz überzeugt wäre. „Trotzdem, Maximalforderungen laufen zumindest Gefahr, eine Gesellschaft zu spalten. Und das tun Sie damit schon."

So klar hat es noch keine(r) auf den Punkt gebracht. *FfF* spaltet die Gesellschaft. Ich ahne, was jetzt passieren wird. Luisa Neubauer wird es der Kanzlerin nachmachen, die jede Krise zu einer Chance erklärt, oft sogar zu einer Riesenchance, um die Gesellschaft in Richtung Fortschritt zu bewegen. Bingo!

„Gleichzeitig breiten wir die Arme aus und gleichzeitig sagen wir, der Klimaschutz ist eine Riesenchance. Am 20. September werden wir die gesamte Gesellschaft einladen, mit uns auf die Straße zu gehen, weil wir ganz davon überzeugt sind, dass Klimaschutz im Zweifel eine Riesenchance ist, für eine Gesellschaft auch zusammen zu wachsen. Da bringt es nichts, Angst zu schüren, aber da müssen wir realistisch sein und damit anfangen, die Wahrheit zu erzählen über eine Krise, die heute da ist, die hier da ist und keine Zeit hat, auf uns zu warten, wie wir im Kabinett rumsitzen und uns nicht einigen können."

Ich würde es gerne erleben, wie Luisa Neubauer mitten auf der Straße die Arme ausbreitet und „Tobt euch aus!" ruft, „Ergreift die Chance, zusammen zu wachsen!", natürlich ohne Ängste zu schüren, aber in vollem Bewusstsein der Tatsache, dass die Krise „da ist und keine Zeit hat, auf uns zu warten". Denn es bleiben uns nur noch wenige Jahre, um die Welt vor dem drohenden Untergang zu retten. Da kommt es auf jeden Tag, jede Stunde, jede Minute an. Eile ist geboten.

Caren Miosga hat sich ordentlich vorbereitet. Sie möchte von Luisa Neubauer wissen, wie die Bewegung, der „vor allem Gymnasiasten und Jugendliche aus gutverdienenden Familien" angehören, jene erreichen will, „für die Klimaschutz bis jetzt schlicht Luxus ist?"

167

Luisa Neubauer hat da eine Idee: „Naja, zum einen indem wir tatsächlich ganz bewusst auf sie zugehen, zum anderen denke ich, es ist erst einmal ein großartiger Schritt, dass wir auf die Straße gehen. Ich weiß, dass es ein Riesenprivileg ist, sich engagieren zu können, und wir nutzen das aber aus, wir werden dem gerecht. Und ermutigen immer weiter andere Menschen, an gesellschaftlichen Teilbereichen sich anzuschließen. Und da geben wir nicht auf, und da lassen wir auch nicht locker. Aber an dieser Stelle würde ich tatsächlich auch in einer ganz selbstbewussten Art und Weise sagen, dass es erstmal großartig ist, dass erstmals so viele junge Menschen auf der Straße sind."

Ja, es ist in der Tat „erstmal großartig, dass erstmals so viele junge Menschen auf der Straße sind" und jeden daran erinnern, dass die Basis die Grundlage des Fundaments ist, beinah hätten wir es vergessen. Aber jetzt geben wir nicht auf, und da lassen wir auch nicht locker. Und wenn wir gefragt werden, ob wir hoffen, dass „die anderen" noch hinterherkommen, antworten wir mit Luisa: „Ich bin überzeugt davon, weil die Gefahr sehen nicht nur wir, sondern ganz, ganz viele Menschen da draußen auch."

Mir ist klar, dass die schriftliche Wiedergabe der O-Töne den Charme der akustischen Vorlage nur bedingt vermittelt. Man bekommt allerdings mit, wie „die allmähliche Verfertigung der Gedanken beim Reden" funktioniert. Wirres Denken artikuliert sich in wirren Sätzen. Es ist, als würde man Zitate von Peter Altmaier, Martin Schulz und Katrin Göring-Eckardt zusammenmischen, durch den

168

Mixer jagen, kurz in der Mikrowelle anwärmen und als Labskaus servieren. Die Mimik und die Gestik suggerieren Engagement und Betroffenheit, also genau das, worauf es im grünen Milieu ankommt. Wissen wäre nur ein Störfaktor. Ist doch egal, wer die 180 Euro CO_2-Steuer pro Tonne bezahlen soll, Luisa Neubauer wird es nicht sein. Sie wird „Politik machen", bei den *Grünen*, bei einer international agierenden Stiftung oder einer NGO, für „die Menschen draußen" im Lande und für eine Gesellschaft, die zu sich selbst findet, indem sie die Riesenchance begreift, die der Klimaschutz bietet.

Nach fünf Minuten macht Caren Miosga dem Öko-Spuk ein Ende: „Danke für Ihren Besuch im Studio, Luisa Neubauer." „Gerne, gerne", sagt Luisa Neubauer und lächelt.

FAQ: Länder ruinieren

Ich gehöre zu den letzten Exemplaren einer Spezies, die darauf besteht, dass zweimal zwei vier ergibt, immer und überall, unabhängig von Datum, Uhrzeit, Herkunft, Geschlecht, Religion, Ernährungsweise, Bildung, Ausbildung, dem CO_2-Gehalt der Luft, dem Auf und Ab der Aktienkurse, dem Programm auf *arte* und der Umlaufbahn der Erde um die Sonne. Zweimal Zwei ist Vier. Basta.

Komischerweise treffe ich immer öfter Leute, die mich davon überzeugen wollen, dass zweimal zwei auch fünf oder dreieinhalb sein könnte, je nach den „sozio-ökonomischen" oder „sozio-kulturellen" Umständen. Es gibt nicht nur eine postmoderne relativistische Philosophie, es gibt auch eine postmoderne Gesellschafts-Ökonomie, die auf Narrativen beruht. Narrative sind subjektive Beschreibungen einer objektiv nicht existenten Wirklichkeit. Das Leben in einem KZ, zum Beispiel, kann aus der Sicht eines Insassen oder eines Wärters dargestellt werden. Die eine Sicht ist genauso legitim wie die andere. Gleiches gilt für eine Vergewaltigung, die der Täter ganz anders erlebt als sein Opfer. Hört sich erst einmal absurd an, ist aber so. Nach der Kölner Silvesternacht wurde in progressiven Kreisen darüber räsoniert, ob die Frauen und die Männer nicht Opfer derselben Umstände geworden waren, die Männer vielleicht sogar ein wenig mehr als die Frauen, weil sie „Fluchterfahrungen" durchlebt hatten und entsprechend „traumatisiert" waren.

Im liberalen Berliner *Tagesspiegel* erschien ein längerer Artikel, in dem das, was auf der Domplatte zehn Tage zuvor passiert war, von zwei engagierten Autorinnen überaus originell interpretiert wurde.

„Das Geschehen in Köln" sei ein symbolisches „Gespräch" unter Männern gewesen. „Die organisierten Trickdieb-Banden, die offenbar schon lange zum Kölner Hauptbahnhof gehören, bestehen wohl überwiegend aus Nordafrikanern, die schon länger in Deutschland sind – aber offenkundig nicht angekommen sind." Eine „echte Perspektive" sähen sie für sich nicht, „sonst wären sie wohl nicht zu professionellen Dieben geworden". Dafür aber würden sie den „Grundbestand der Vorurteile der deutschen Gesellschaft" kennen und sich dementsprechend verhalten.

So wurde erst einmal der „Gangbang" auf der Dom-platte vor dem Kölner Hauptbahnhof zu einer Aktion organisierter Trickdieb-Banden degradiert, die schon länger in Deutschland leben, aber noch nicht „angekommen" sind. Aber immerhin lange genug, um zu wissen, wie sie die Gesellschaft, die sie nicht aufnehmen will, optimal provozieren können, nämlich, indem sie die „Urangst des älteren weißen Mannes – die nehmen uns unsere Frauen weg" aktivieren. „Ob sie mehr geplant hatten als einen Raubzug nach Taschen, Mobiltelefonen und Geldbörsen, wissen nur sie selbst. Aber der Verlauf der Nacht hat genau die Urängste vor potenten, jungen, fremden, ‚wilden' Männern geweckt, die nun im Mittelpunkt der Diskussion stehen."

„Mission accomplished", könnte man sagen, die jungen, potenten, fremden Männer haben den alten, weißen, impotenten Männern eine Lektion erteilt, die sie so schnell nicht vergessen werden. Und die Frauen? Die waren „nur Mittel zum Zweck". Nun versuchen sie, „mit ihren Anzeigen das Heft des Handelns wieder in die Hand zu nehmen und sich von ihrer Ohnmacht zu befreien". Mehr noch: „Womöglich sind aber auch Frauen dabei, die gar nicht Opfer geworden sind, sondern aus politischer Überzeugung der Meinung waren, dass die Täter mit Migrationshintergrund oder die Flüchtlinge, die das Chaos auf der Domplatte für sexuelle Übergriffe ausgenutzt haben, abgeschoben gehören. Das hoffen sie womöglich mit einer Anzeige zu beschleunigen."

Wenn ein Satz mit einem „womöglich" anfängt und einem „womöglich" endet, muss man annehmen, dass der

171

Verfasser – in diesem Fall zwei Verfasserinnen – womöglich keine Ahnung von der Sache haben und irgendeinen Zusammenhang zu konstruieren versuchen, der sich nur ihnen erschließt. Womöglich meinen sie, Hunderte von Frauen hätten sich in der Silvesternacht aus politischer Überzeugung auf den Weg zum Kölner Hauptbahnhof gemacht, um dort Männern mit Migrationshintergrund und Flüchtlingen aufzulauern, damit diese sich an ihnen vergreifen und hinterher abgeschoben werden. Leider haben diese Frauen im Eifer der Gefechte vergessen, sich die Personalien der „Täter" geben zu lassen, was am Ende dazu führte, dass nur sehr wenige Täter ermittelt und noch weniger abgeurteilt werden konnten. Insofern ist der Plan der Frauen nicht aufgegangen. Wer anderen eine Grube gräbt ...

Das ist es, was ich meine, wenn ich sage, zweimal zwei könnte, je nach den Umständen, auch mal fünf oder dreieinhalb ergeben. Wenn das Offensichtliche von dem Erwünschten überlagert wird. Wenn uns gesagt wird, die Flüchtlinge wären eine Chance für Deutschland, sie würden demnächst die Renten derjenigen finanzieren, die heute gegen ihre Aufnahme demonstrierten; es kämen Ärzte, Ingenieure und Facharbeiter, die für ein zweites Wirtschaftswunder sorgen würden; wir bekämen Menschen geschenkt, wir sollten „die Fluchtursachen bekämpfen" und müssten uns „in den Krisenländern noch wesentlich stärker engagieren", wie es der für Entwicklungshilfe zuständige Minister Gerd Müller immer wieder fordert, wobei es ihm nicht nur um das Wohl der Menschen in den Krisenländern geht: „Glauben Sie nicht, dass wir auf die Dauer unseren Wohlstand auf dem Rücken Afrikas und der Entwicklungsländer leben können, ohne dass die Menschen zu uns kommen und sich dann holen, was ihnen gehört."

Ich finde diesen Satz so ungeheuerlich, dass ich ihn gerne wiederhole. Eine Platitüde, wie „Wir haben nur diesen einen Planeten" – wohlfeil und kitschig, passend für jeden Anlass, vom „Welttag der Feuchtgebiete" bis zum „Welttag der sozialen Gerechtigkeit".

Ich bezweifle außerdem, dass wir „unseren Wohlstand" auf dem Rücken Afrikas und der Entwicklungsländer leben, denn diese „Entwicklungsländer" sind reich an Naturressourcen und Bodenschätzen. Verglichen mit Nigeria ist die Schweiz ein armes Land. Es wird nur besser regiert. Und für die Herrschaft korrupter Eliten, die in die eigenen Taschen wirtschaften und ihre Länder ruinieren, wie es Robert Mugabe in Simbabwe getan hat, bin nicht ich verantwortlich.

Falls Minister Müller die skandalös niedrigen Preise für Bananen aus Afrika und T-Shirts aus Asien meint, bei deren Produktion die Menschen tatsächlich ausgebeutet werden, dann soll er doch zu einem Boykott dieser Waren aufrufen. Oder, noch besser, dafür sorgen, dass sie mit Zöllen belegt werden, die sie verteuern würden. Wie so etwas geht, könnte er bei Trump abgucken.

Ich bin es leid, mir immer wieder anhören zu müssen, „unser Wohlstand" basiere auf der Ausbeutung der „Entwicklungsländer". Für Belgien, Frankreich, Holland und ein paar andere Länder mag das gelten. Portugal ist trotz seiner Latifundien in Afrika arm geblieben, England hat sein koloniales Tafelsilber längt verkonsumiert und der Reichtum der Bundesrepublik ist das Ergebnis eines Raubzuges, der in den Dreißiger Jahren begann und Mitte der Vierziger Jahre endete. Millionen kamen dabei ums Leben und Milliarden wurden umverteilt. Die Endlösung der Judenfrage und der Kampf um Lebensraum im Osten waren Cover-up-Operationen, um Arisierungen und Enteignungen „ideell" begründen zu können. Was von den derart generierten Einnahmen nach dem Krieg übrig blieb, war das Startkapital der Bundesrepublik. Es waren nicht die deutschen Trümmerfrauen und auch nicht die „Gastarbeiter", die Deutschland wieder aufgebaut haben, es waren die Zwangsarbeiter, die toten Juden und die Amerikaner, die mit dem Marshallplan Deutschland und Europa wieder auf die Beine halfen.

Und jetzt will Minister Müller einen Marshallplan für Afrika organisieren. Noch mehr Goldwasser in ein Fass ohne Boden schütten. Eine Super-Idee, über die er freilich erst stolperte, als die Berichterstattung über die „Fluchtbewegung" an Intensität zunahm.

Eine Regierung, die den Verlust von industriellen Arbeitsplätzen im Osten der Republik durch die Verlegung von Behörden ausgleichen will, die dem Verfall der Infrastruktur im Lande wortreich und tatenarm zuschaut, die weder planen noch improvisieren kann, eine solche Regierung will nicht nur das Klima, sondern auch Afrika retten. Merkels Laienspielschar hat noch nicht mitbekommen,

dass der Kontinent inzwischen zur Hälfte von China bewirtschaftet wird, denn sie hält auch China für ein Ent-
wicklungsland, dem sie jährlich 630 Millionen Euro an
Entwicklungshilfe als Treueprämie zahlt:

„Wenn es uns ernst ist mit Themen wie dem weltwei-
ten Klimaschutz, dann kommen wir an China nicht vorbei." Denn: „Die Zukunft unseres Klimas entscheidet sich
auch in China oder Indien und daran, ob Hunderte Millionen Menschen dort Energie aus Kohle oder aus erneuerbaren Energien nutzen."

Es ist noch nicht lange her, da wurde unsere Sicherheit am Hindukusch verteidigt. Jetzt ist es unser Klima.
Es müssen nur einige Hundert Millionen Menschen aus
der Kohle in erneuerbare Energien umsteigen. Und wir
können ihnen dabei helfen. Die Windräder, die demnächst
bei uns abgebaut werden, weil sich deren Betrieb ohne
Subventionen nicht lohnt, werden nach Indien und China
verlegt. Wind weht überall. Nur das Narrativ ändert sich.

Expertenkreis

Käme ich jemals in die Verlegenheit, einen Film über die
deutsche Erinnerungskultur zu drehen, würde er etwa so
anfangen: Wir sehen einen relativ kleinen, aber elegant
anmutenden Saal, es könnte ein Raum im Schloss Bellevue,
dem Amtssitz des Bundespräsidenten, sein. Auf der Stirn-
seite des Raumes steht eine Bühne, auf der Bühne steht
ein Rednerpult und hinter dem Rednerpult steht ein
Mann, der dem Bundespräsidenten täuschend ähnlich

sieht. Die Kamera zoomt langsam auf den Mann zu. Er schaut ins Publikum, als wollte er sich vergewissern, dass alle einen Platz gefunden haben. Dann begrüßt er die Anwesenden, einen ehemaligen Bundespräsidenten, die Vizepräsidentin des Bundestages, Abgeordnete, Exzellenzen, die sehr geehrten Damen und Herren, „vor allen Dingen natürlich Sie, verehrte Frau Lasker-Wallfisch".

Anita Lasker-Wallfisch, 1925 geboren, hat Auschwitz und Bergen-Belsen überlebt. Dass sie überlebt hat, verdankt sie ihrer musikalischen Begabung. Sie hat Cello im Frauenorchester gespielt. Heute ist sie 94, eine kleine weißhaarige Dame, körperlich gebrechlich, aber geistig präsent wie eine Referendarin kurz vor dem zweiten Staatsexamen. Sie sitzt in der Mitte der ersten Reihe, rechts neben ihr Horst Köhler, links Tochter Maya, zusammen mit der Mutter aus London eingeflogen.

Der Mann, der aussieht wie Frank-Walter Steinmeier, fängt seine Rede mit der Erinnerung an einen Tag im April 1945 an, als eine junge Frau wenige Tage nach der Befreiung des Lagers Bergen-Belsen in das Mikrofon eines BBC-Reporters sagte: „Hier spricht Anita Lasker, eine deutsche Jüdin." Die Stimme habe „sehr jung, sehr sicher und sehr fest" geklungen. Sie wollte ihre Schwester in England wissen lassen, dass sie überlebt hat. Schon damals habe sie nicht „für sich allein" gesprochen, sondern „für die Überlebenden und die Toten". Es folgt ein Exkurs über das Sprechen, das heißt, „nach einer Form zu suchen, das Unfassbare in Worte zu fassen, die Worte dem Unsagbaren abzutrotzen".

Der Mann spricht langsam, macht Pausen zwischen den Sätzen, als wollte er nachdenken, wie es weitergehen soll. Er erinnert an die Familie von Anita Lasker, in der deutsch gesprochen und „noch unter der Drohung der Deportationen" Schillers *Don Carlos* gelesen wurde, eine Familie, in der „Kultur ein Zuhause war". Dann kam „die Barbarei der Lager, der Ungeist und die Unkultur des nationalsozialistischen Regimes", das „keine Sprache als Mittel der Verständigung" kannte. Musik wurde als „Taktgeber für Aufmärsche" missbraucht, „oder zur sentimentalen Erbauung von Mördern".

Von der Musik ist es nur ein kurzer Schritt zur Literatur, zu Imre Kertész und Elie Wiesel. „Wir ahnen", sagt der Mann am Rednerpult, „dass die Überlebenden oft allein waren und es blieben". Vielen wurde diese Last „zu schwer" – Paul Celan, Primo Levi, Jean Améry.

Nach acht Minuten kommt der Mann hinter dem Rednerpult endlich zur Sache, also zu einer Antwort auf die Frage, warum Anita Lasker-Wallfisch, Überlebende von Auschwitz und Bergen-Belsen, den Nationalpreis der deutschen Nationalstiftung für das Jahr 2019 bekommt.

Die deutsche Nationalstiftung, 1993 „vor dem Hintergrund der Wiedervereinigung" gegründet, hat es sich zur Aufgabe gemacht, „das Zusammenwachsen von Ost- und Westdeutschland (zu) fördern, die nationale Identität der Deutschen bewusst (zu) machen und die Idee der deutschen Nation als Teil eines vereinten Europas (zu) stärken". Das ist alles schön und gut, aber was hat es mit einer Überlebenden von Auschwitz und Bergen-Belsen zu tun?

177

Der Mann hinter dem Rednerpult sagt es: „Umso bedeutender ist, was Sie, liebe Frau Lasker-Wallfisch, getan haben, sich über Jahrzehnte hin gegen das Schweigen und Verdrängen zu stemmen. Dass es schließlich gelang, das Totschweigen in diesem Land zu brechen, das verdanken wir Menschen wie Ihnen, wir verdanken es den Überlebenden, die Zeugnis ablegten, die sprachen und schrieben ..."

In diesem Moment wird mir zweierlei klar. Der Mann hinter dem Rednerpult sieht nicht nur aus wie Frank-Walter Steinmeier, er ist Frank-Walter Steinmeier, der Bundespräsident. Und er redet Unsinn, geschwollenen, maßlosen, zynischen Unsinn.

Offenbar ist es die Aufgabe der Opfer, Zeugnis abzulegen und den Tätern die Erinnerungsarbeit abzunehmen. Als Max Mannheimer, ebenso wie Anita Lasker-Wallfisch ein Überlebender des Holocaust, im September 2016 im Alter von 96 Jahren starb, wurde sein Ableben in der *Tagesschau* gemeldet: „Mannheimer hatte sich Jahrzehnte lang gegen das Vergessen und für Versöhnung eingesetzt. Unter anderem berichtete er vor Schulklassen von der Judenverfolgung im Nationalsozialismus. Mannheimer hatte die Konzentrationslager Dachau und Auschwitz überlebt, seine Eltern, drei Geschwister und seine erste Ehefrau wurden ermordet."

Das waren seine Fifteen Seconds of Fame.

Ich will nicht darüber räsonieren, was einen Juden, dessen Familie ermordet wurde, dazu bringt, sich gegen das Vergessen und für Versöhnung einzusetzen. Ich vermute, es sind vier Faktoren: Schuldgefühle, eine gute Portion Masochismus, eine Spur Exhibitionismus und vielleicht auch der Wunsch, durch Vergebung Ruhe zu finden.

Auschwitz überlebt zu haben, ist eine Art Alleinstellungsmerkmal. Man gehört damit zum Adel unter den Survivors. Zeugnis abzulegen gibt dem Leben nach dem Überleben einen Sinn, und wenn es dazu noch eine Auszeichnung obendrauf gibt, einen Händedruck vom Bürgermeister oder Bundespräsidenten, dann will man kein Spielverderber sein. Und man macht so was, damit sich „die Geschichte nicht wiederholt", damit „so etwas nie wieder passiert". Für Politiker ist es die billigste Möglichkeit, sich als „Leidensversteher" und „Opferbemitleider" zu profilieren. Ohne jeden Bezug zur Gegenwart.

Der Bundestag weigert sich seit Jahren, die libanesische, vom Iran geförderte Hisbollah als eine Terrororganisation anzuerkennen, obwohl die aus ihrer Absicht, Israel zu vernichten, kein Geheimnis macht. Wobei Abgeordnete die seltsamsten Begründungen auftischen. Deutschland wolle Stabilität im Libanon, und „dort ist die Hisbollah ein wichtiger Faktor". Oder: „Die Hisbollah ist eine gesellschaftliche Realität im Libanon. Was hier gefordert wird, schwächt die innerschiitische Opposition." Ein Antrag, die Bundesregierung möge die Hisbollah auf die Liste der Terrororganisationen setzen, fand deswegen keine Zustimmung, weil er von der AfD eingebracht wurde. Ein FDP-Abgeordneter verstieg sich gar zu der Feststellung: „Es ist legitim, darüber zu diskutieren, die Hisbollah zu verbieten. Es ist nicht legitim, dass ausgerechnet die AfD sich als Vorreiterin des Existenzrechts Israels geriert."

Vollkommen legitim dagegen ist es, wenn der Bundespräsident nach Ramallah reist und dort am Grab von Jassir Arafat einen Kranz niederlegt, der zwei sinnlose Intifadas losgetreten hat, die Tausende von Israelis und Palästinensern Leben und Gesundheit gekostet haben.

Ebenso legitim, mehr noch: geradezu zwingend ist es, dass sich die Bundesrepublik, vertreten durch Außenminister Steinmeier, für ein Atomabkommen mit dem Iran stark macht, das die Mullahs in Teheran dazu verleiten könnte, Israel nuklear zu überraschen. Derweil sein Nachfolger im Amt, Heiko Maas, nicht müde wird zu behaupten, er sei „wegen Auschwitz in die Politik gegangen", was wohl heißen soll: um ein zweites Auschwitz zu verhindern. Mit weniger gibt sich ein durchschnittlich begabter deutscher Jurist nicht zufrieden, um seine politischen Ambitionen zu rechtfertigen.

Es ist nur folgerichtig, wenn sich die gleiche Gesellschaft versammelt, um ein Hochamt der Heuchelei zu feiern und eine betagte Überlebende dafür zu ehren, dass sie Zeugnis abgelegt und geholfen hat, das Totschweigen in diesem Land zu brechen. Steinmeiers Laudatio auf Anita Lasker-Wallfisch ist wie das Rauschen eines Bergbachs in einem Heimatfilm, eine akustische Endlosschleife. Ihre Arbeit als „Zeitzeugin", die mit „Schülerinnen und Schülern" spricht, sagt Steinmeier, „gegen das Vergessen und für eine Zukunft, in der wir gemeinsam leben können", sei „ein Geschenk und noch viel mehr als das, es ist auch ein Verdienst um die Zukunft dieses Landes, ein Verdienst von ganz unschätzbarem Wert".

Das Rauschen des Bergbachs wird lauter: „Ihr Bemühen um Verständigung, vor allem Verständigung und Erinnerungsarbeit mit jungen Deutschen, Ihr Eintreten gegen Antisemitismus, gegen Ausgrenzung, für Toleranz, für Demokratie, ist so ein Verdienst, und wir danken Ihnen dafür. Ihr Land, Deutschland, dankt Ihnen dafür."

Steinmeiers Rede wäre nicht komplett ohne den einen Satz, der bei solchen Gelegenheiten so dazugehört, wie einst „Harry, hol' schon mal den Wagen" in jeder *Derrick*-Folge. Es ist ein Satz, der so radikal an der Wirklichkeit vorbeizielt wie ein Bumerang, der seinem Absender auf die Füße gefallen ist. „Mit dem wiederauflebenden Antisemitismus dürfen und werden wir uns niemals abfinden, Antisemitismus darf keinen Platz haben in unserer Gesellschaft. Ihn werden wir bekämpfen, in unserem eigenen Land, ebenso wie als Europäer in Europa … Vergangenheit kennt keinen Schlussstrich, sie nimmt uns in die Pflicht. Heute nicht weniger als gestern und vorgestern."

Und natürlich auch morgen und übermorgen. Die Behauptung, Antisemitismus dürfe keinen Platz haben in unserer Gesellschaft, ist etwa so belastbar wie die, es dürfe keinen Ladendiebstahl in deutschen Supermärkten geben. Deswegen gibt es inzwischen im Bund und in zehn Bundesländern einen „Antisemitismus-Beauftragten", dazu einen „Unabhängigen Expertenkreis Antisemitismus", der alle zwei Jahre dem Bundestag einen Bericht über den aktuellen Stand des Antisemitismus in Deutschland vorlegt, und seit Kurzem auch eine ständige Bund-Länder-Kommission, die von der Kanzlerin und den Ministerpräsidenten der Länder ins Leben gerufen wurde – eine Entscheidung, die der Antisemitismusbeauftragte der Bundesregierung, Felix Klein, als „einen Meilenstein im Kampf gegen den Antisemitismus" bezeichnet.

Kein anderes Phänomen – von der Altersarmut bis zur Mülltrennung – wird in Deutschland so perfekt verwaltet wie der Antisemitismus, den es unter diesen Umständen gar nicht mehr geben dürfte. Dass es ihn dennoch gibt, muss wohl etwas mit dem Klimawandel zu tun haben.

Nachdem das Volksbegehren für Artenvielfalt „Rettet die Bienen!" samt Begleitgesetz und umfassenden Maßnahmen im Bayerischen Landtag beschlossen und verabschiedet wurde, sollte es nun auch ein bundesweites Volksbegehren „Rettet die Juden!" geben. Mit Frank-Walter Steinmeier als Schirmherrn.

Zeichensetzer

Falls Sie die *Tagesschau* und die *Tagesthemen, heute* und das *heute journal* regelmäßig und aufmerksam verfolgen, zwischendurch auch die RTL-News um 18.45 Uhr und um Mitternacht, wird Ihnen vielleicht eine Redewendung aufgefallen sein, die immer dann zum Einsatz kommt, wenn eigentlich nichts passiert ist, aber gruppenspezifische Belange bedient werden müssen.

Wenn also eine Handvoll von Friedensfreunden zusammenkommt, um für Abrüstung und gegen die NATO zu demonstrieren; wenn eine Fraueninitiative „gleichen Lohn für gleiche Arbeit fordert"; wenn der deutsche Außenminister den Außenminister von Kasachstan empfängt und hinterher erklärt, man habe ein „offenes und konstruktives" Gespräch miteinander geführt; wenn eine ARD- oder ZDF-Produktion einen Grimme-Preis gewinnt, wenn Claudia Roth in die Südsee fliegt, um zu schauen, wie weit dort der Klimawandel fortgeschritten ist; wenn der Bundespräsident zu einem Bürgerdialog mit handverlesenen Nachbarn ins Bellevue einlädt; wenn die Familienministerin eine Kita besucht, in der 90 Prozent der Kinder aus Familien kommen, in denen kein Deutsch gesprochen wird; wenn Künstler für ein Europa ohne Grenzen demonstrieren – dann geht es immer darum, „ein Zeichen zu setzen". Das ist das Wichtigste, worauf es in der postmodernen Gesellschaft ankommt. Und man muss sich nicht sehr anstrengen, um ein echtes Zeichen zu setzen. Meistens braucht es nicht mal mehr als ein Stück Pappe und einen Filzstift: „Münster bleibt bunt!", „SUVs verbieten!"

Aber nicht nur Individuen wollen „Zeichen setzen". 52 deutsche Städte und Gemeinden haben von Anfang Mai bis Anfang September den „Klimanotstand" ausgerufen. Von Konstanz bis Wiesbaden, von Ludwigslust bis Rüsselsheim, von Telgte bis Marl, was immer das im Einzelnen bedeuten mag, ich vermute: mehr Mittel aus den Kassen der Länder und des Bundes für kommunale Arbeitsbeschaffungsprogramme.

Wenn so ein Zug erst einmal in Fahrt gekommen ist, kann der Lokführer ihn nicht irgendwo anhalten und die Reise für beendet erklären. Immer mehr Zeichensetzer wollen mitgenommen werden, es werden auch immer mehr Stationen angefahren. Gütersloh, zum Beispiel.

Der Umweltausschuss der ostwestfälischen Metropole hat die Stadt „zur ersten ballonfreien Zone im Bundesland erklärt", meldet die WAZ. Betroffen sind nicht Heißluftballons, sondern kleine bunte Luftballons, die bei Kindergeburtstagen, Abitur- und Hochzeitsfeiern für Stimmung sorgen, aber eben nicht nur das: „Ich plädiere für Aufklärung der Menschen über die Schäden, die weit fortgewehte Luftballons in der Tier- und Vogelwelt anrichten", sagt die Landesvorsitzende der *Grünen* in NRW. Einmal aufgeklärt, würden die Menschen darauf verzichten, Luftballons steigen zu lassen, um Nashörner in Namibia und Steinadler in Sibirien nicht zu gefährden.

Dass Menschen mit „Argumenten zum Umdenken motiviert werden" können, davon ist auch eine Sprecherin des Naturschutzbundes NABU überzeugt, sogar „bei Traditionen wie dem Osterfeuer oder der Weihnachtsbeleuchtung in Städten". So geht es voran, Zeichen um Zeichen.

In Ludwigsburg bei Stuttgart bietet die Polizei einen „Workshop" an: „Frauen lernen U-Bahn fahren" – wie sie „mit brenzligen Situationen umgehen – oder sie vermeiden" können.

Zwar sei die Gefährdungslage „definitiv nicht so, dass Frauen sich Sorgen machen müssten, wenn sie mit öffentlichen Verkehrsmitteln unterwegs sind". Aber, „das subjektive Sicherheitsgefühl (ist) trotzdem schlecht", obwohl es „statistisch gesehen dafür keinen Anlass" gebe.

184

Ohne jeden statistisch begründeten Anlass empfiehlt die Polizei Frauen, die mit der U-Bahn fahren wollen, „sich in einem Viererabteil nicht ans Fenster zu setzen, damit man nicht eingekesselt werden kann". Es kann auch nicht schaden, „die Umgebung zu scannen". Und „wenn man beim Einsteigen in einen Waggon ein doofes Gefühl hat, dann geht man besser in einen anderen", denn „wenn man ein schlechtes Bauchgefühl hat, gibt es meistens einen Grund dafür". Obwohl es, statistisch gesehen, für so ein doofes Gefühl keinen Anlass gibt. Es ist nur ein Zeichen, mit dem die Polizei andeuten will, dass sie nicht Herr der Lage ist. Immerhin.

Die Konstanzer Menschenrechts- und Hilfsorganisation *Hoffnungszeichen/Sign of Hope e.V.* lädt zu einem „gemeinsamen Singen für das Menschenrecht auf sauberes Wasser im Südsudan" in die Kaiser-Wilhelm-Gedächtnis-Kirche nach Berlin ein. „Mit dem Ereignis in Berlin setzen wir ein Zeichen der Solidarität für die Betroffenen der Ölkatastrophe." Weil es aber nicht so einfach ist, die Betroffenen einer Ölkatastrophe im Südsudan von Berlin aus mit sauberem Wasser zu versorgen, muss es schon ein sehr starkes Zeichen sein:

„Die Bevollmächtigte des Landes Berlin beim Bund und Staatssekretärin für Bürgerschaftliches Engagement und Internationales, Sawsan Chebli, wird die Veranstaltung eröffnen."

Sawsan Chebli hat sich eigentlich auf Events über Antisemitismus und Islamophobie spezialisiert, sie begleitet Jugendgruppen nach Auschwitz und verspricht hinterher auf Twitter, sich noch mehr als vorher gegen Rassismus einzusetzen. Eine perfekte Zeichensetzerin, die „in die Politik gegangen" ist, „um die Gesellschaft aktiv mitzugestalten" und „für ein weltoffenes, vielfältiges und freies Deutschland" zu kämpfen, „ein Deutschland ohne Rassisten, Antisemiten und Muslimhasser". Das wiederum „stört alle, die ein homogenes Deutschland wollen". Sie ist sozusagen ein Störsender, ein Dorn im Auge der Homogenisierer. Eine andere Erklärung, warum ihr nicht alle zujubeln, kann sie sich nicht vorstellen. „Für sie verkörpere ich alles, was es aus deren Sicht nicht geben soll: Eine Muslima, die ein politisches Amt bekleidet und in diesem Land Karriere macht."

Ihre Karriere, die sogar für Berliner Verhältnisse ziemlich einmalig ist, verdankt sie vor allem ihrer Begabung, Nullsätze am laufenden Band zu produzieren. Sie ist ein Satzbaukasten auf zwei Beinen. Mal sagt sie: „Meine Aufgabe ist es, die Zivilgesellschaft darin zu bestärken, sich zu engagieren", mal: „Meine Aufgabe ist es, Strukturen zu schaffen, die das Engagement fördern".

Sogar im hochgradig selbstverliebten Berlin dürfte es schwerfallen, eine Person zu finden, die dermaßen von ihrer Bedeutung für die „Zivilgesellschaft" überzeugt wäre, wie Sawsan Chebli. Zu den Aufgaben, die sie nebenbei erledigt, gehört außerdem, „unsere Städtepartnerschaften mit Leben zu füllen", denn: „Städte sind Anker für Demokratie und Sehnsuchtsorte für Menschen, die nach Freiheit streben. Dabei gehört die Zuwanderung zur DNA von Metropolen".

Wenn man oder auch frau sich Gedanken über die DNA von Metropolen macht, dann sollte nicht nur „die Zuwanderung" erwähnt werden, sondern auch der mit ihr verbundene soziale Wandel: Die Verteuerung der Lebenshaltungskosten, vor allem der Mieten, die Zunahme milieuspezifischer Rohheitsdelikte, das erhöhte Risiko bei der Benutzung öffentlicher Verkehrsmittel, die Entstehung von No-Go-Areas und der Verlust des „Sicherheitsgefühls", obwohl es dafür, statistisch gesehen, keinen Anlass gibt.

Für Sawsan Chebli ist Zuwanderung per se etwas Positives, egal, wer zuwandert und welche Tradition er mitbringt. So wie sich Katrin Göring-Eckardt vor einigen Jahren darüber freute, dass wir jetzt „Menschen geschenkt" bekommen, freut sich Sawsan Chebli heute darüber, dass die DNA von Metropolen durch Zuwanderung aufgefrischt wird. Und wenn es die Drogendealer sind, die im Görlitzer Park ihren Geschäften nachgehen.

Von der kindischen Begeisterung einmal abgesehen, die die Aussicht auf „Geschenke" auslöst, ist das eine ziemlich inhumane Haltung. Menschen sind keine Geschenke, kein Amphetaminersatz für antriebsschwache Couch-Surfer, keine Frischzellenkur für eine alternde Gesellschaft. Wer sein Haus mit unbekannten Menschen teilen will, übernimmt Verantwortung für deren Wohlergehen und geht ein Risiko für sich ein. Ich will nicht ausschließen, dass Sawsan Chebli eine somalische Flüchtlingsfamilie aufgenommen hat, ich halte es nur für unwahrscheinlich, dass sie so etwas machen würde, ohne es auf Twitter anzuzeigen. Vermutlich wollte sie nur „ein

Zeichen setzen" für ein „weltoffenes, vielfältiges und freies Deutschland", für ein Deutschland der Zeichensetzer und Klimaretter, zu denen inzwischen auch der in der Schweiz lebende deutsche Formel-1-Weltmeister Sebastian Vettel gehört. Kurz vor dem Rennen im italienischen Monza sagte er, er möchte „ein Zeichen für den Klimaschutz setzen" und werde deswegen mit dem Zug nach Monza reisen, nicht, wie sonst üblich, mit dem Auto.

Wenn mir so eine Pointe eingefallen wäre, würde sie mir niemand abnehmen. Mit dem Zug nach Monza, um dort mit einen Formel-1-Rennwagen, dessen Motor etwa 1000 PS stark ist und 50 Liter Benzin auf 100 Kilometer verbraucht, 53 Runden im Kreis herumzufahren. Am Ende reichte es dann grade für den 14. Platz. Dafür gibt es nur eine Erklärung: Vettel wollte nicht gewinnen, er wollte nur ein Zeichen setzen.

Disqualifiziert

Ich habe aufgehört, mich über die zunehmende Anzahl von Frauen in deutschen Innenstädten aufzuregen, die Abayas, Burkas, Chadors, Hijabs und Niqabs tragen. Wer will, kann diese Kleider inzwischen bei Amazon kaufen, bei *muslim-shop.com* gibt es „traditionelle islamische Kleidung nicht nur für Männer und Frauen, sondern auch für Kinder", Abayas und Hijabs in kleinen Größen.

Es ist, wie es ist. Menschen bringen ihre Sitten mit und halten an ihnen fest. Seit ich vor ein paar Jahren bei der Steuben-Parade in New York mitgelaufen bin, wundere ich mich über nichts mehr. Jedem das Seine, und wenn es Lederhosen und Gamsbärte in Manhattan oder Hijabs und Niqabs in München sind.

Eines regt mich aber immer noch auf, und zwar maßlos. Wenn ich eine Frau in einer Abaya oder Burka sehe, einem Chador, Hijab oder Niqab, die ein Handy in der Hand oder ans Ohr hält. Ich muss mich jedes Mal mächtig zusammenreißen, um nicht auf sie zuzugehen und ihr das kleine Ding wegzunehmen. Ich kann der Versuchung nur mit Mühe widerstehen, und ich weiß, eines Tages werde ich es machen, egal, was danach passiert.

Ich finde, so ein kleines Telefon, das man in der Hand- oder Hosentasche mit sich tragen, mit dem man von überall nach überall telefonieren, in Hamburg das Wetter auf Hawaii abfragen, Bilder und Nachrichten um die Welt verschicken kann, ist weit mehr als nur ein Telefon. Es ist die Bilanz einer Zivilisation, in der die Freiheit das entscheidende Element war und ist. Die Freiheit, Fragen zu stellen, sich mit dem Gegebenen nicht abzufinden, dagegen zu sein, sich mit Gleichgesinnten zu verbünden, nahe und weit entfernte Welten zu entdecken, Risiken einzugehen, Gefahren zu trotzen und darauf zu vertrauen, dass Gerechtigkeit und Vernunft siegen werden, wenn nicht heute, dann morgen oder übermorgen, allen schlechten Erfahrungen zum Trotz.

So ein kleines Telefon, das in jedem Krimi inzwischen die Hauptrolle spielt, ist ein Generationen übergreifendes *Joint Venture*, dessen Entwicklung Jahrhunderte gedauert und zahllose Katastrophen überlebt hat.

Nehmen wir einmal an, die Zeit der Moderne habe mit Gutenberg um 1450 herum angefangen. Der Buchdruck war nach dem Feuer und dem Rad die dritte Erfindung, die der Menschheit zu einem gewaltigen Sprung nach vorn verhalf. Er machte die Tür auf, durch die alle bedeutenden (und leider auch unbedeutenden) Denker und Erfinder ihre Ideen auf den Weg bringen konnten. Galileo Galilei und Leonardo da Vinci, Adam Smith und John Stewart Mill, John Locke und Immanuel Kant, Baruch Spinoza und Oskar Panizza, Isaac Newton und Albert Einstein, Rudolf Diesel und Graham Bell, Konrad Zuse und James Watt, Theodor Herzl und Eduard von Simson, Emile Zola und Adam Mickiewicz, Emma Lazarus und Emma Goldmann, nur um ein paar zu nennen, die mir gerade einfallen. Ich finde, es kann nicht schaden, wenn man weiß, wie viel Geist und Mühe in so einem kleinen Apparat stecken, der den Austausch von Belanglosigkeiten möglich macht.

Und immer, wenn ich eine Frau in einem Hijab oder Niqab sehe, die ein Handy in der Hand oder ans Ohr hält, spüre ich die Versuchung, auf sie zuzugehen und ihr das Ding aus der Hand zu nehmen. Weil es nicht angeht, dass jemand das Produkt einer langen und mit vielen Opfern befrachteten Entwicklung nutzt, ohne auch nur zu ahnen, wem er das Produkt verdankt.

Das klingt arrogant, und das ist es auch. Und ich weiß um die Schwachstelle meines Arguments: Was ist mit den Bio-Deutschen, die ebenfalls keine Ahnung haben, wer Marie Curie war und welcher deutsche Schriftsteller von

Radebeul aus die Welt bereiste? Müsste man denen nicht ebenfalls die Handys abnehmen?

Nein, weil es einen Unterschied gibt zwischen jenen, die schon länger mit dabei sind und jenen, die zusteigen wollen. Möglich, dass viele Amerikaner nicht wissen, wann der amerikanische Bürgerkrieg begann und wie lange er dauerte. Oder worum es bei der Schlacht von Gettysburg ging. Wer jedoch Amerikaner werden will, der muss die wichtigsten Daten der amerikanischen Geschichte kennen, der sollte auch die „Pledge of Allegiance" auswendig hersagen können. So ist es auch mit den Handys und anderen High-Tech-Spielzeugen. Man/frau muss sich für deren Gebrauch qualifizieren, muss wissen, in welcher Kultur man/frau lebt und auf welchen Fundamenten diese Kultur steht. Es genügt nicht, an Bord einer *Boeing* in wenigen Stunden aus dem Mittelalter in die Moderne zu jetten. Wer in einer Abaya oder Burka herumläuft, hat sich schon disqualifiziert, bevor er/sie die SIM-Karte eingelegt hat.

Durchdrehen, olympisch

Auf den ersten Blick sieht alles ganz normal aus. Der Verkehr fließt dahin, die Menschen gehen ihren Beschäftigungen nach, die einen arbeiten, die anderen flanieren, kaufen bei Uniqlo und Peek & Cloppenburg ein oder sitzen bei Starbucks und genießen die letzten Sonnentage des Sommers. Schaut man aber genauer hin, merkt man, wie sehr sich Berlin verändert hat, schleichend im Laufe der letzten Jahre. Mehr Bettler, mehr Abfall, mehr Aggressivität im Umgang miteinander. Die vielen E-Scooter, die über die Bürgersteige rollen, obwohl sie es nicht dürfen, zeugen von der Kopflosigkeit, die das ganze Land ergriffen hat. Sie wurden zugelassen, weil sie den Verkehr entlasten sollten, die Menschen würden, davon war sogar der Verkehrsminister überzeugt, massenweise von Autos auf E-Scooter umsteigen und damit einen wichtigen Beitrag zur Verkehrswende und zum Umweltschutz leisten.

Es kam ein wenig anders als gedacht. Der Verkehr wird nicht entlastet, es gibt mehr Unfälle, die Scooter stehen und liegen überall herum, sofern sie von ihren Nutzern nicht gleich in der Spree entsorgt wurden. Und wenn sie zwei, drei Monate überlebt haben, sind sie verbraucht und verschlissen, reif für den Sondermüll, denn in den Akkus, von denen sie angetrieben werden, stecken Seltene Erden, die aus Afrika oder Asien importiert werden müssen. Ebenso wie in den Batterien der E-Autos, deren Produktion und Verkauf von der Regierung massiv gefördert wird.

Im Jahre 2020 sollten es eine Million E-Autos werden, derzeit sind es etwas mehr als Einhunderttausend, was die E-Auto-Lobby nicht daran hindert zu verkünden, die E-Mobilität in Deutschland nehme „spürbar Fahrt auf", das Jahr 2019 werde „die deutsche Automobilwende einläuten".

Volkswagen hat soeben den „Elektro-Volkswagen von Volkswagen" vorgestellt, mit dem der von Krisen geplagte Konzern sich „eine Führungsrolle bei Elektrofahrzeugen weltweit" sichern will. Alles darunter wäre nicht genug. Der Wagen soll CO_2-neutral produziert werden und 30.000 bis 40.000 Euro kosten, also etwa so viel, wie ein deutscher Facharbeiter im Jahr verdient. Ein echter „Volkswagen" für alle.

„Deutsch sein heißt, eine Sache um ihrer selbst willen tun", soll Richard Wagner einmal gesagt haben. Angela Merkel, Wagner-Fan und Stammgast bei den Bayreuther Festspielen, hat in der ersten Fraktionssitzung nach der Sommerpause die Losung der Stunde verkündet: „Wer, wenn nicht wir, muss dazu jetzt einen wirklichen Beitrag leisten", wobei sie mit „dazu" ein Programm zur Rettung des Klimas meinte, das im Wesentlichen auf einer CO_2-Steuer basiert, welche die Verbraucher belasten wird.

Was wir gerade in Deutschland erleben, ist Größenwahn pur, gepaart mit der Überzeugung, Deutschland müsse, wieder einmal, die Welt retten. Diesmal, indem man das Klima in die Schranken weist. Was so lustig ist, als würde der Verband der Uhrenhersteller beschließen, die Zeit anzuhalten, wenn nicht gar zurückzudrehen. Versucht man einem ganz normalen Deutschen, der seinen Müll trennt und mit TUI in die Ferien fliegt, klar zu machen, dass er einem Kollektiv angehört, das nur 1,1 Prozent der Weltbevölkerung ausmacht und für 2,1 Prozent der globalen CO_2-Emisssionen verantwortlich ist, dann überlegt er kurz und sagt: „Aber jemand muss doch den Anfang machen und mit gutem Beispiel vorangehen. Wer, wenn nicht wir ..."

Wäre „mit gutem Beispiel vorangehen" eine olympische Disziplin, kämen die Deutschen vom Siegertreppchen nicht mehr runter. „Mit gutem Beispiel vorangehen" ist die neue Definition dessen, was zu Wagners Zeiten hieß „Eine Sache um ihrer selbst willen tun". Der Schutz der Umwelt firmiert jetzt als „Bewahrung der Schöpfung". Gott hat die Welt in sechs Tagen erschaffen, jetzt gilt es, sein Werk zu vollenden. Plastiktüten sollen verboten, der individuelle Autoverkehr zuerst entgiftet und später ganz abgeschafft werden. Ölheizungen durch Wärmepumpen ersetzt und der Fleischkonsum radikal reduziert werden, damit der Regenwald in Brasilien erhalten bleibt. Im Hambacher Forst wird schon mal geübt, wie man auf Bäumen leben kann.

Und über allem schwebt der Kampf gegen „Rechts", denn „Rechts" ist das CO_2 der Politik. Es muss weg. Eine TV-Moderatorin, die es gewagt hatte, die AfD als „bürgerlich" zu bezeichnen, wird umgehend abgemahnt, ihre eigenen Kollegen rufen nach „disziplinarischen Maßnahmen" gegen sie. Ein AfD-Politiker, der zu einem TV-Interview eingeladen wurde, wird mit Zitaten aus seinem Buch konfrontiert und gefragt, ob diese „Stellen" nicht ebenso gut von Hitler sein könnten.

Noch nie ist ein TV-Interviewer auf die Idee gekommen, Gregor Gysi mit Zitaten aus seiner Doktorarbeit zu konfrontieren, die er aus Papieren des ZK der SED abgeschrieben hat.

Je länger Hitler und die Seinen in der Hölle schmoren, umso mehr werden sie zum Maß aller Dinge. Um sich als „Nazi" zu qualifizieren, genügt es, die anthropogenen Ursachen des Klimawandels in Frage zu stellen. Oder nur darauf hinzuweisen, dass der Klimawandel eine Konstante der Natur ist, die nicht mit der Industrialisierung angefangen hat.

Dabei geht es nicht darum, die Rechten als Nazis von heute zu entlarven, es geht darum, die Nazis von gestern zu rehabilitieren. Wenn die NSDAP so schrecklich war, wie es die AfD jetzt ist, dann war die NS-Gang ein ziemlich harmloser Haufen, dann können Oma und Opa in Frieden ruhen und die Enkel da weiter machen, wo die Großeltern aufhören mussten.

Die Öko-Bewegung stellt die Volksgemeinschaft wieder her, versöhnt die Generationen miteinander („Omas für das Klima") und ebnet den Weg in den Totalitarismus des 21. Jahrhunderts. Die Klima-Katastrophe ist der ultimative Notstand, der jede Maßnahme rechtfertigt, um dem Weltuntergang vorzubeugen. So wie jeder Rettungswagen auf dem Weg zu einem Unfallort alle Verkehrsregeln ignorieren darf, deren Bruch normalerweise zum Entzug des Führerscheins führen würde.

Wer nur einmal an einer Kundgebung der *Fridays-for-Future*-Bewegung teilgenommen oder sie aus der Nähe beobachtet hat, der macht sich keine Illusionen, aus welchem Feuer sie ihre Kraft schöpft. Diese Öko-Kids haben keine Angst vor dem Weltuntergang, sie sehnen sich danach. Der Kampf um das Klima ist nur ein Vorwand, um ihre apokalyptischen Visionen und Lustängste auszuleben. Eine Risikosportart, wie S-Bahn-Surfen oder Bungee-Jumping.

Wenn dieser ganze Zirkus eines nicht allzu fernen Tages vorbei sein wird, weil er sich nur bei freiem Eintritt unter den Bedingungen einer maroden Überflussgesellschaft entfalten kann, werden wir uns mit Schaudern an ein paar Szenen und Zitate erinnern.

195

Zum Beispiel an den Aufschrei eines Professors für regenerative Energiesysteme aus dem Umfeld der „Scientist for Future", die Regierung habe „das Pariser Klimaschutzabkommen quasi beerdigt" und steuere nun „mit Volldampf in eine Heißzeit mit katastrophalen Konsequenzen für die junge Generation". Diese Regierung könnte, wenn sie nur wollte, die Welt retten, völlig unabhängig davon, was andere Regierungen tun oder unterlassen. Wenn sie nur das tun würde, was die Klimaaktivisten von ihr verlangen.

Unvergessen bleibt auch ein Bild, das am Rande der großen Klima-Demo am 20.9. vor dem Brandenburger Tor aufgenommen wurde. Zwei Klimahysteriker und eine Klimahysterikerin inszenierten ihre eigene Hinrichtung. Sie bauten einen echten Galgen auf, stellten sich auf langsam dahinschmelzende Eisblöcke und steckten ihre Köpfe in Schlingen, die vom Querbalken hingen.

Was war es, das sie uns damit sagen wollten? Wir bringen uns selber um? Oder: Das ist die Strafe, die den Klimaleugnern droht, wenn sie sich nicht bekehren lassen?

Ansonsten macht es einfach Spaß, die Zugänge zu einer Automobilausstellung zu blockieren und zu sehen, wie die Veranstalter und die Polizei einknicken. Was gestern noch Haus- und Landfriedensbruch, Nötigung und Widerstand gegen die Staatsgewalt war, ist heute „legitimer Widerstand", der Sand ins Getriebe der Umweltkiller streut.

Deutschland dreht durch. Nicht imstande, relativ einfache Probleme wie Lehrermangel und Internet für alle zu lösen, tritt es an, dem Klima Vorschriften zu machen. Morgen wird es Flüsse bergauf strömen lassen und übermorgen eine Wendeltreppe zum Mond bauen.

Harmlose Truppe

Als ich im Sommer 1990 nach Berlin kam, war die Mauer schon gefallen, die DDR aber noch nicht dem Geltungsbereich des Grundgesetzes, also der Bundesrepublik in den Grenzen von 1949, beigetreten. Dass dies passieren würde, war ausgemachte Sache; unter welchen Bedingungen und Umständen, darüber wurde noch verhandelt. Der erste Arbeiter- und Bauernstaat auf deutschem Boden, die Deutsche Demokratische Republik, war noch nicht Geschichte, aber schon ein Fall für die Abwickler. Und in Berlin, vor allem Ost-Berlin, der Immer-noch-Hauptstadt der DDR, hatte die Anarchie Einzug gehalten.

Man konnte mit einem westdeutschen Kennzeichen Einbahnstraßen gegen die vorgeschriebene Richtung befahren, ohne dass ein ostdeutscher Volkspolizist es gewagt hätte, einen anzuhalten. Für eine D-Mark gab es auf dem Schwarzmarkt fünf bis zehn Mark der DDR, und so konnte sich jeder Westberliner einen Besuch in einem der besseren Lokale in Ostberlin leisten, wie z.B. im „Gastmahl des Meeres" am Alexanderplatz, wo zu DDR-Zeiten die Nomenklatura gerne einkehrte.

Jeder Ausflug in den Ostteil der Stadt oder in das Umland war ein kleines Abenteuer. Man lernte Land und Leute kennen, auch solche, die den Fall der Mauer nicht als einen Glücksfall der Geschichte, sondern als eine persönliche Kränkung empfanden. Unvergessen die Kellnerin in einem volkseigenen Restaurant, die auf die Frage eines Besuchers, ob er die volkseigene Toilette benutzen dürfe, antwortete: „Heben Sie sich das mal für zuhause auf".

Aber auch Westberlin, damals noch nicht Hauptstadt der BRD, hatte einiges zu bieten. Findige Kleinunternehmer, die Touren durch den Ostberliner Untergrund organisierten, mit Kaffee und Kuchen bei SED-Funktionären a.D., Bürgerrechtlern und Stasiopfern – nach Belieben.

Worüber ich am meisten staunte, waren Parolen, die auf vielen Häuserwänden zu lesen waren: „Nie wieder Deutschland!" und „Kein 4. Reich!" Mit dem Ende der DDR wachte die westdeutsche „Antifa"-Bewegung aus einem Dämmerschlaf auf, den sie bis dahin nur einmal im Jahr unterbrach, um bei Ostermärschen gegen Kapitalismus, Kolonialismus, Imperialismus und Faschismus zu demonstrieren. Nun war der Ernstfall da.

Nicht nur die Wähler der DKP, die Mitglieder der „Vereinigung der Verfolgten des Naziregimes (VVN)" und Anhänger anderer Gruppen, die am Tropf der DDR hingen, trauerten um die DDR, auch bürgerliche Intellektuelle wie Stefan Heym im Osten und Günter Grass im Westen, sahen plötzlich das Vierte Reich hinterm Horizont aufziehen.

Heym, der nach dem Krieg als US-Offizier nach Deutschland zurückgekehrt war, trat als parteiloser Kandidat auf der Liste der PDS, der Nachfolgepartei der SED an und gewann ein Direktmandat für den Bundestag. Grass, ein Freund und Wahlhelfer von Willy Brandt, nannte die

DDR eine „kommode Diktatur" und befand, die deutsche Teilung müsse als „Strafe für Auschwitz" bestehen bleiben. Das tat seinem Ruf als das „Gewissen der Nation" keinen Abbruch, erst als viele Jahre später bekannt wurde, dass er als junger Mann in die Waffen-SS eingetreten war, bekam das Denkmal, das er zu Lebzeiten geworden war, einige Risse.

Ich lernte damals einen älteren Kollegen kennen, der in der Bonner Republik zum Stammpersonal des *Internationalen Frühschoppens* unter Werner Höfer gehörte: Johannes Gross, Journalist und Meinungsmacher, Chefredakteur der *Deutschen Welle*, Schachspieler und Autor zahlreicher Bücher über Deutschland und die Deutschen, ein gebildeter, konservativer Liberaler mit viel Sinn für Absurdes. Eines Tages hörte ich ihn sagen: „Ist es nicht erstaunlich? Je länger das Dritte Reich tot ist, umso heftiger wird der Widerstand gegen Hitler und die Seinen".

Das ist jetzt 30 Jahre her. Was würde Johannes Gross, der 1999 starb, heute sagen? Mit dem ihm eigenen Humor vermutlich: „Verdammt, mir wäre es lieber, ich hätte nicht recht behalten".

So viel „Antifa" wie heute gab es noch nie. So viele „Faschisten" und „Nazis" auch nicht. Denn so gut wie jeder, der nicht mit den Ansichten der „Antifa" übereinstimmt – „kein Mensch ist illegal" –, der meint, dass ein Staat in der Lage sein müsste, seine Grenzen zu schützen, der die Massenzuwanderung nicht für einen Segen hält und die Europabegeisterung der kulturellen Eliten nicht teilt, der wird automatisch zu einem „Nazi" und „Faschisten" erklärt.

Der deutsche Staat seinerseits hat den „Kampf gegen rechts" an Bürgerinitiativen und NGOs ausgelagert, die sich „tagtäglich für ein vielfältiges, gewaltfreies und demokratisches Miteinander" einsetzen. Im Rahmen des Programms „Demokratie leben!" werden so über 100 Millionen Euro an Subunternehmer ausgeschüttet.

Man könnte auch von einer Arbeitsteilung sprechen. Während die staatlichen Agenturen „Radikalisierungsprävention" anbieten und das „Zusammenleben in der Einwanderungsgesellschaft" fördern, entscheidet die „Antifa", wer Lesungen und Vorlesungen halten darf.

Thilo Sarrazin steht ebenso auf der Schwarzen Liste wie der Ökonom und Mitgründer der AfD Bernd Lucke, der die AfD längst verlassen und sich von ihr distanziert hat. Nicht einmal ein so biederer und um Ausgleich bemühter Politiker wie Thomas de Maizière kann sich noch in die Öffentlichkeit wagen. Als er vor kurzem im Göttinger Rathaus sein neues Buch vorstellen wollte, haben linke Aktivisten die Lesung mit Gewalt verhindert. Der Veranstalter erklärte gegenüber der Lokalzeitung: „Die Polizei hält es für zu gefährlich, wir müssen uns der Gewalt beugen".

Das ist keine Szene aus einem dystopischen Roman, das ist Deutschland heute. Der Geschäftsführer der hessischen Filmförderung, Hans Joachim Mendig, wurde gefeuert, nachdem er sich mit dem Vorsitzenden der AfD, Jörg Meuthen, zu einem Mittagessen getroffen hatte. Über 300 „Filmschaffende", darunter die bekannte Antifa-Aktivistin Iris Berben, hatten gedroht, ihre Zusammenarbeit mit der hessischen Filmförderung einzustellen, das heißt, kein Geld anzunehmen, falls Mendig nicht gefeuert werde.

Die Liste solcher Fälle und Vorfälle ist lang und wird täglich länger. Dabei geht es nicht um die alten und die jungen Nazis, die es tatsächlich gibt und die mit der Parole „Israel ist unser Unglück" auf die Straße gehen, was die zuständige Staatsanwaltschaft für unbedenklich erklärt. Es geht um etwas anderes.

Wenn Leute wie Sarrazin und Lucke, Mendig und de Maizière, ja: auch Meuthen und Höcke, wenn die alle Nazis und Faschisten sind, was waren dann die Nazis, die von 1933 bis 1945 Deutschland regiert und halb Europa verwüstet haben? Das ist die Frage der Fragen, die im Hintergrund wabert. Und die Antwort lautet: „Eine ziemlich harmlose Truppe". So wird das Dritte Reich bagatellisiert, tatsächlich zu einem „Vogelschiss" runtergestuft. Opa und Oma werden rehabilitiert, der gesellschaftliche Zusammenhalt gestärkt.

Und so vollendet ausgerechnet die Antifa die Entnazifizierung.

An Stelle eines Nachworts

Die kurze Rede, die Greta Thunberg am 23. September 2019 auf einem Forum der Vereinten Nationen gehalten hat, wird in die Geschichte eingehen. Die Rede war kein intellektuelles Glanzstück, weder ergreifend noch überzeugend. Die junge Schwedin wiederholte rhetorische Floskeln und mathematische Formeln, die sie bei jedem ihrer Auftritte vorträgt, zuletzt als Gast bei der *Daily Show* von Trevor Noah, wo sie ein blaues T-Shirt und den Zopf auf der rechten Seite trug, während sie bei den UN eine pinkfarbene Bluse anhatte und der Zopf links herabhing. Im TV-Studio wirkte die Klimaaktivistin noch ganz entspannt, wenig später, auf dem UN-Panel, verlor sie die Kontrolle über ihre Gesichtsmuskeln und ihre Stimme. Das altkluge Kind mutierte zu einer Furie, die über ihre Zuhörer herfiel, als wären diese für ihre Misere verantwortlich. „Ihr habt meine Träume und meine Kindheit … gestohlen", rief sie unter Tränen in den Saal und drohte mit Konsequenzen: „Wir werden nicht zulassen, dass ihr damit durchkommt."

Und wie reagierten die Adressaten dieser Botschaft? Sie benahmen sich wie Angeklagte in einem Schauprozess und übten bußfertig Selbstkritik.

Und das ist das Bedrohliche, das Unheimliche an Greta und ihrer „Bewegung": Es sind die Vorboten eines Totalitarismus, der nur auf ein Alibi gewartet hat, um sich entfalten zu dürfen. Gestern musste die Welt von allerlei menschlichem Ungeziefer befreit werden, heute müssen die bedrohten Spezies gerettet werden, die Heuschrecken, die Nashörner, die Feldlerchen.

Und alles unter Berufung auf „die Wissenschaft" und „97 Prozent aller Wissenschaftler", die sich einig sind, dass „wir" nur noch wenige Jahre Zeit haben, um „unseren" Planeten zu retten. 97 Prozent! Eine Zahl, die ebenso herbeiphantasiert ist wie die, dass sich alle elf Minuten ein Paar auf *Parship* verliebt.

Es ist noch nicht lange her, da galt eine andere totalitäre Weltanschauung als „Wissenschaft" – der Marxismus-Leninismus. Mindestens 99,9 Prozent seiner Anhänger waren überzeugt, dass alle Probleme der Menschheit mit Hilfe dieser Methode gelöst werden können. Das Ergebnis ist bekannt.

Der Preis für die „Rettung des Klimas" könnte der Anfang vom Ende der Demokratie sein. Glück, Zufall oder geschicktes Marketing – wer es schafft, mit Hilfe apokalyptischer Visionen eine globale Massenhysterie zu entfachen, der wird sich auf die Dauer mit dem Kampf gegen das CO_2 nicht zufriedengeben.